MULHERES E deusas

MULHERES E deusas

COMO AS DIVINDADES E OS MITOS FEMININOS
FORMARAM A MULHER ATUAL

RENATO NOGUERA

Rio de Janeiro, 2022

Copyright © 2017 por Renato Noguera
Todos os direitos desta publicação são reservados por Casa dos Livros Editora LTDA.

Diretora editorial	*Raquel Cozer*
Coordenadora editorial	*Malu Poleti*
Assistente editorial	*Marina Castro*
Copidesque	*Hugo Reis*
Revisão	*Raquel Toledo e Luana Balthazar*
Capa	*Mayu e Dushka (Estúdio Vintenove)*
Projeto gráfico de miolo e mapas	*Rafael Nobre*
Ilustrações da capa	*Crowoman / Shutterstock (mulher minoica) e Ivanchina Anna / Shutterstock (mulher africana)*
Diagramação	*Abreu's System*

Os pontos de vista desta obra são de responsabilidade de seu autor, não refletindo necessariamente a posição da HarperCollins Brasil, da HarperCollins Publishers ou de sua equipe editorial.

CIP-Brasil. Catalogação na Publicação
Sindicato Nacional dos Editores de Livros, RJ

A27g

Noguera, Renato
  Mulheres e deusas: como as divindades e os mitos femininos formaram a mulher atual / Renato Noguera. – 1. ed. – Rio de Janeiro: Harper Collins, 2017.
  160 p.

  Inclui bibliografia
  ISBN 9788569809579

  1. Mulheres. 2. Feminismo. 3. Mulheres – Psicologia. 4. Deusas. 5. Psicologia religiosa. I. Título.

17-46008   CDD: 305.42
                   CDU: 316.346.2-055.2

HarperCollins Brasil é uma marca licenciada à Casa dos Livros Editora LTDA.
Todos os direitos reservados à Casa dos Livros Editora LTDA.
Rua da Quitanda, 86, sala 218 — Centro
Rio de Janeiro, RJ — CEP 20091-005
Tel.: (21) 3175-1030
www.harpercollins.com.br

SUMÁRIO

Prefácio
11

Introdução
13

ALGUNS MITOS

GREGOS
19

IORUBÁS
63

JUDAICO-CRISTÃOS
115

GUARANIS
137

Conclusão
147

Personagens
152

Bibliografia
157

Para Glória, minha mãe.
Não me esqueço dos dias e das noites que passaste me incentivando a escrever, desde que eu tinha 13 anos.
Quando ninguém suspeitava, tu já sabias...

AGRADECIMENTOS

Agradeço às minhas duas avós, Elvira (*in memoriam*) e Maria de Lourdes (*in memoriam*), pelo legado inacreditável que vive em meu coração. Como o livro trata de mitos que envolvem deusas e do protagonismo de heroínas, agradeço a algumas pessoas em especial que foram, e têm sido, minhas mentoras ou que travaram belas batalhas junto comigo em algum momento de minha vida: tia Lúcia Helena (*in memoriam*), no início dos anos de 1980, ensinava-me a reescrever e reler; minhas tias Maria (*in memoriam*), Sandra (incrível e amada conselheira, foi a primeira pessoa a me instruir a fazer uma poupança) e Neusa (grande e querida incentivadora); minha sogra, Iara (esta me adotou como seu filho); minhas primas Aretusa e Nane; e minhas cunhadas, Ana Maria e Kátia. Também registro agradecimento às tias Erli, Ivanir e Elrizete, e às primas Tatiana e Thaís.

Agradeço à Cris Costa, minha editora, pela confiança e pelo excelente trabalho. Agradeço ao Luiz Ryff pelas primeiras e preciosas sugestões quando este livro ainda era um projeto de curso. Agradeço à turma da Casa do Saber, em especial Adriana, Bruna e Isadora, parcerias muito importantes. Agradecimentos especiais à professora Carla Silva — amiga, namorada e esposa —, a mulher que escreveu o prefácio do livro e me ajudou a entrar no profundo dos rios, em um encontro das águas.

PREFÁCIO

Escrever é sempre uma tarefa de grande envolvimento íntimo, político e espiritual, e o autor Renato Noguera o faz com muita maestria. Ao mergulhar neste livro, o leitor logo perceberá que está diante de um talentoso, corajoso e provocativo escritor, que traz uma narrativa cheia de significados sobre os mitos protagonizados por personagens femininas em quatro concepções culturais: grega, iorubá, judaico-cristã e indígena, fazendo um recorte geográfico por Europa/Ocidente, África, Oriente Médio e Américas.

O trabalho de Noguera é um convite para experimentar um pouco da "vida" destas figuras míticas. Ao longo da leitura, algumas surpresas aparecem. O autor propõe uma reflexão sobre as emoções, sensações e tensões do lugar reservado ao gênero feminino, que nem sempre é "cor-de-rosa" e confortável. Casamento, beleza, ciúme, submissão, controle e violência são questões recorrentes, presentes no corpo, na mente e no coração das mulheres desde o princípio da vida.

O livro está organizado em narrativas sobre os mitos femininos. No primeiro capítulo, o autor trata dos mitos femininos na Grécia antiga, a partir das narrativas míticas de Medusa, Atena, Afrodite, Helena, Hera, Zeus e Io. Compreende a beleza como fonte de felicidade, garantia de ser amado, mas também de violência e disputas pelo afeto masculino. E, nessa ciranda, vai sendo construído o lugar social da mulher, bem como o das relações amorosas.

A segunda parte apresenta os mitos femininos iorubás — orixás como Oxum, Obá e Iansã, deusas que firmaram seu lugar num espaço dominado por homens. O autor tece os fios que se cruzam entre a supremacia masculina, a independência e a sororidade. Os orixás femininos nos ensinam que a mulher tem uma enorme capacidade de resiliência, de compartilhar funções, sentimentos e até mesmo a própria vida. Porém, nesse enredo, encontramos o egoísmo, a arrogância e a prepotência fortalecendo a hierarquia entre os gêneros.

Na terceira parte do livro, pode-se perceber uma observação minuciosa sobre o papel da mulher na cultura judaico-cristã, representada pelas figuras de Lilith e Eva. Duas personagens criadas com a mesma finalidade: ser submissa, reproduzir, obedecer e manter a estrutura patriarcal. Ser obediente não era uma opção; era uma ordem. Lilith não seguiu o modelo de mulher adequado. Foi colocada em um lugar de esquecimento. Eva passou nos quesitos de obediência, submissão, resignação à dominação masculina, sem direitos iguais nem independência, e mesmo assim ganhou o *status* de mulher que seduz — causadora da desordem e mãe do pecado. O machismo há de sempre construir e perdurar a culpa no corpo feminino, fazendo os mesmos *downloads* e atualizações para manter a desvalorização e a discriminação.

O último mito que Noguera nos apresenta vem da cultura guarani: Iara, a deusa das águas, dotada de grande beleza, astúcia e inteligência, amada e admirada por seus pais. Com tantas qualidades, Iara desperta o ciúme e o desprezo de seus irmãos, que elaboram um plano para tirar a irmã de seu lugar de destaque. A transformação vivida por Iara passa pelo corpo, pelo espaço de convivência e pela vingança.

A leitura de *Mulheres e deusas* nos leva a diferentes reflexões sobre a disputa de espaço e de poder entre os gêneros, colaborando para a construção de um pensamento e ações positivas a fim de quebrar o paradigma de que a mulher é frágil, sensível, incapaz de viver novas histórias.

Tenho certeza de que este livro contribuirá para a elevação da alma feminina, assegurando novas possibilidades de empoderamento, visibilidade e subjetividade. E que todo o processo de luta pelas conquistas de ser independente, ter liberdade para estar e ocupar o lugar que é nosso vale a pena. A leitura nos encoraja a continuar no caminho.

Carla Silva
Pedagoga e professora formada pela Universidade Federal do Rio de Janeiro (UFRJ), e consultora na área de educação, atuando com formação continuada para profissionais da educação básica.

INTRODUÇÃO

Primeiro, uma ressalva: este livro tem as limitações evidentes de uma autoria masculina. Falar "sobre" e "com" as mulheres não se trata de dizer algo por elas. Mas investigar os mitos femininos também é uma boa maneira de falar sobre os homens. O segundo ponto a assinalar é: este não é um livro acadêmico. Os textos se destinam a pessoas interessadas nas narrativas míticas envolvendo as mulheres e seus significados e também o modo como as deusas, heroínas e personagens míticas influenciam e retratam, até hoje, modos de "ser mulher".

Já se tornou clássica a frase "ninguém nasce mulher: torna-se mulher", que continua "nenhum destino biológico, psíquico, econômico define a forma que a fêmea humana assume no seio da sociedade; é o conjunto da civilização que elabora esse produto intermediário entre o macho e o castrado que qualificam de feminino. Somente a mediação de outrem pode constituir um indivíduo como um *Outro*" (destaque do autor), escreveu a filósofa francesa Simone de Beauvoir em seu livro *O segundo sexo*. O que ela trouxe para a cena foi a ideia da "mulher" como uma construção. O que isso quer dizer? Para Beauvoir, a condição feminina não é uma natureza pronta e acabada: o gênero feminino é construído.

A contribuição da filosofia está justamente no combate ao determinismo biológico. É de causar espanto que as relações entre a mulher e o homem sejam ainda tão desiguais. Por exemplo, por que razão a palavra "homem" pode ser usada como sinônimo de humanidade e "mulher", como sinônimo de esposa? O sexismo linguístico está presente na ideia de tomar o artigo masculino "o" como plural e comum aos dois gêneros e manter o artigo "a" recluso ao feminino.

O sexismo na linguagem não é pouca coisa. Não podemos fazer de conta que esse posicionamento não seja grave do ponto de vista político. Mitos poderosos sustentam a ideia naturalizada que faz da mulher um ser humano de segunda categoria. E é por meio da linguagem que os mitos são eternizados.

Pense nas imagens da evolução humana, em que um macaco lentamente se transforma no homem que conhecemos hoje. Por que existe pouca diversidade étnico-racial nessas imagens? Por que o gênero feminino é raro nessas representações? O sexismo está na linguagem que representa "homem (branco) = ser humano", fazendo da mulher apenas uma categoria dentro da espécie. Talvez os mitos que este livro analisa possam ajudar a pensar sobre alguns motivos por trás das assimetrias e hierarquias nas relações de gênero.

Os textos deste livro trazem a história de deusas e figuras míticas femininas para que ampliemos nossa compreensão sobre a vida e o mundo. É uma introdução a alguns mitos femininos das culturas greco-romana, judaico-cristã, iorubá e guarani. A narrativa mítica permite algumas interpretações psicológicas e filosóficas sobre o papel da mulher, assim como revelam aspectos sociais, antropológicos e históricos da sociedade. O livro repensa alguns mitos femininos a partir de uma visão contrária à discriminação sistêmica presente em muitas das culturas analisadas.

Mas o que são mitos? Na esteira de autores como Clyde Ford, Marcel Detienne, Mircea Eliade, os mitos são entendidos como elementos vivos que dão sentido à vida. De modo geral, um mito é uma explicação da realidade que narra o nascimento do mundo, do ser humano e de como ele deve viver e encontrar sentido para sua existência.

Um mito é sempre uma história. A mitologia é o conjunto de mitos organizado dentro de uma lógica que confere alguma linearidade, consistência e coesão a essas narrativas produzidas por uma cultura. Mesmo após o surgimento da ciência e da filosofia, continuamos estudando os mitos porque eles não são narrativas superadas, coisas do passado. Este livro aposta na atualidade dos mitos, que deve ser explorada para que possamos compreender um pouco mais quem somos e como ficamos assim.

As aventuras de deusas e deuses podem revelar muito sobre a relação do mundo interior com o mundo exterior. A maneira como o ser humano busca desenvolver sua individualidade, sua personalidade, é o resultado de um tipo de "guerra" que trava com as forças externas. Leituras diversas no campo da psicologia e da psicanálise têm se apoiado em mitos. Freud retomou o mito de Édipo para descrever uma situação psíquica inerente ao ser humano durante a infância: o desejo de substituir um adulto numa relação erótica. A isso ele chamou complexo de Édipo.

Para Carl Jung, o estudo do vasto material mitológico é indispensável para que possamos conhecer mais profundamente a humanidade em todos os tempos. Jung define o conceito de inconsciente coletivo: uma herança psicológica universal; um legado construído ao longo da história, povoado por tipos arcaicos — os arquétipos — que emergem na consciência como imagens simbólicas. Para Jung, o arquétipo personifica certos dados instintivos da obscura psique primitiva do ser humano, as raízes verdadeiras e invisíveis da consciência. Dentro da psicologia junguiana, o arquétipo de herói pode ser entendido como um recurso psíquico que o ser humano usa para sair da infância, personalizar-se, encontrar a si mesmo. Os 12 trabalhos de Hércules são um exemplo disso. Em cada tarefa, Hércules conquista um pouco mais de "si mesmo".

Em certa medida, o interesse deste trabalho é propiciar um debate, sabendo-se deslocado do lugar de fala feminino e sem nenhuma pretensão de ser porta-voz masculino de mitos femininos. Ou melhor, sem a desonestidade intelectual e política de pretender falar em "nome das mulheres" ou do gênero feminino.

Aqui há apenas a busca por retratar por meio de mitos de culturas diversas o caminho de deusas e heroínas, e levantar questionamentos que digam respeito ao mundo contemporâneo, como a aparente inocência dos concursos de beleza, já presentes na Grécia antiga; ou desconfiar da hipótese de que as mulheres têm um senso de maternidade inato; ou, ainda, por intermédio de uma divindade iorubá, debater categorias como identidade de gênero, sexo biológico e orientação sexual.

Ainda que não se nasça "mulher", tornar-se mulher parece ser um exercício plural e multifacetado. O próprio binarismo de gênero, ancorado em visões simplistas do sexo biológico, é difícil de sustentar diante de um exame da realidade, tanto a mitológica quanto a contemporânea. Deusas iorubás e guaranis suspeitavam desta divisão simétrica, mas nem por isso igualitária: os homens são guerreiros e racionais; já as mulheres são sensíveis e cuidadoras. Sem dúvida, o mundo não é bicolor, rosa e azul, como parece nos alertar muito bem o mito de Oxumarê, orixá que passa metade do ano como uma deusa e a outra metade como um deus.

No universo mítico grego, Hera, a esposa que vive sob assédio moral do marido, parece ensinar pelo contraexemplo uma divina lição: a mulher não é submissa por natureza. Essa ideia também está presente no mito judaico-cristão de Eva, a mulher submissa e "obediente". Mas essa representação é confrontada dentro do mesmo universo cultural judaico-cristão com o mito de Lilith (a primeira esposa de Adão, uma mulher insurgente e emancipada). O mito guarani de Naiá e Jaci, por sua vez, fala de um amor entre uma deusa e uma mortal.

Iansã (a deusa das tempestades), Oxum (deusa iorubá da beleza), Afrodite (deusa grega da beleza), Perséfone (deusa grega que reina no inferno), Iara (deusa guarani das águas doces), Liríope (a mãe superprotetora de Narciso), ao lado de outras deusas, são chaves de leitura de uma realidade. As deusas são representações coletivas do passado que retratam as ambiguidades e disputas humanas protagonizadas pelas mulheres em contextos sociais e culturais diferentes, mas que se mantêm atuais.

Por fim, as interrogações compartilhadas neste livro podem ser resumidas em algumas perguntas: o que nos dizem as deusas? Como entender o sentido dessas narrativas? O que têm a dizer sobre a humanidade? Sobre as mulheres? E sobre suas relações com os homens? Qual é o lugar dos mitos femininos em nossa vida? O objetivo não é responder a essas interrogações completamente. Não se trata de esgotá-las, mas de trazê-las para o diálogo com mitos femininos em que as deusas podem revelar alguma coisa sobre ser mulher e tornar-se mulher. O mais importante é que os capítulos que se seguem sejam vistos como um percurso inconcluso que, para ser completado, exige que leitoras e leitores revisitem a realidade com um olhar feminino, fazendo da vida uma "coisa de mulher".

1

ALGUNS MITOS
GREGOS

AS DUAS FACES DA BELEZA

Mirem-se no exemplo
Daquelas mulheres de Atenas
Vivem pros seus maridos
Orgulho e raça de Atenas

"Mulheres de Atenas", *Chico Buarque e Augusto Boal*

A canção de Chico Buarque fala de patriarcado. Do poder dos homens sobre as mulheres. De uma estrutura social baseada em uma série de pressupostos que naturalizam a superioridade dos homens e seu protagonismo no comando do mundo.

Nós, homens e mulheres do mundo contemporâneo, herdamos da Grécia antiga uma estrutura de organização social regida pelo poder patriarcal. Não é uma questão do indivíduo, mas de uma estrutura social e cultural fundamentada em

Mapa da Grécia

valores comuns e nascida das cidades-estado gregas. Além da língua, essas cidades compartilhavam, de maneira geral, os mesmos valores culturais.

Ao mesmo tempo em que a então dita superioridade masculina era enaltecida, a mulher era subestimada, ficando em uma posição subalterna. Expressões como "chefe de família" e "dona de casa" são exemplos do universo patriarcal que herdamos. Aos homens era dado o espaço público; às mulheres, o domínio do lar. Paradoxalmente, no berço da democracia e da cultura ocidental, as mulheres, os estrangeiros e os escravos eram proibidos de votar.

Mas nada disso impediu que as gregas deixassem fortes marcas para as gerações futuras, trazendo para nós ocidentais temas que, por muitos anos, permeiam o cotidiano feminino, como as vantagens e os perigos da beleza, a rivalidade entre mulheres, o casamento e a infidelidade.

Segundo a *Teogonia*, atribuída a Hesíodo, poeta grego que viveu durante o século VIII a.C., tudo começou com Caos, que deu origem a Nix (a Noite), Érebo (a Escuridão), Gaia (a Terra),

Tártaro (o Abismo) e Eros (o Amor). Gaia gerou sozinha Urano (o Céu), Ponto (o Mar) e as Óreas (as montanhas).

De Urano e Gaia nascerem deusas e deuses, além dos titãs. Urano, com ciúme de Gaia e receio de perder o trono, aprisionou filhas e filhos no Tártaro, entendido tanto como filho de Caos como uma região de Gaia — seu próprio ventre mais íntimo e profundo. O pavor e o medo tomavam Urano. Mas Gaia, cansada de carregar os titãs em seu ventre, ouviu um plano do seu filho Cronos, que preparou uma foice dentada para subjugar Urano.

Cronos cortou a genitália do pai. A castração fez jorrar um mar de sangue, donde nasceram três divindades: Alecto, Tisífone, Megera. Mais tarde punidoras dos mortais, se tornaram, por assim dizer, representantes do ódio, da vingança e da discórdia. Urano disse que um dia o mesmo ocorreria com Cronos.

Daí, amedrontado, Cronos aprisionou seus irmãos e suas irmãs. Entre elas estava Reia, com quem se casou. O casal teve Héstia, Deméter, Hera, Hades e Poseidon. Cronos engolia filhas e filhos. Mas, por ocasião do sexto nascimento, Reia escapou para dar à luz Zeus. Gaia cuidou de Zeus até que ele se tornou apto a destronar o pai e libertar as outras divindades.

Zeus começou dando secretamente uma poção para o pai vomitar suas irmãs e seus irmãos. Héstia foi a última a ser libertada, afinal tinha sido a primeira a ser engolida. Por isso, é conhecida como a divindade mais jovem e mais velha do Olimpo. A primeira a nascer, mas no "segundo parto" foi a última a vir à luz. Depois disso, Zeus se tornou o novo senhor do cosmos.

Essas personagens, consolidadas em narrativas míticas, já a partir de 600 a.C., integravam o imaginário cultural grego e foram registradas principalmente por Homero e Hesíodo.

HÉSTIA, A SENHORA DO LAR

A deusa Héstia, a primogênita de Cronos e Reia, é a divindade olímpica do lar, da família e da arquitetura. Deidade casta, virginal e com a peculiaridade de ser a "mais jovem e a mais velha" das irmãs e dos irmãos.

Quando titãs e divindades olímpicas entraram em um período de guerra conhecido como a Titanomaquia, Héstia ficou cuidando do lar. Ela recebeu do irmão mais novo, Zeus, a garantia de um culto em todos os lares. Por isso, o arquétipo em jogo, isto é, a marca mais profunda e antiga do inconsciente feminino que Héstia representa, difere de sua irmã Hera, a divindade do casamento. Héstia se mantém no Olimpo e diferencia-se das outras divindades por ser a única cultuada em todos os lares mortais e nos templos de todos os deuses e de todas as deusas. Ora, isso significa alguma coisa? Sim. Toda casa precisa de gestão. Héstia não é a esposa, mas a dimensão que pode estar na esposa, na filha, na mãe que cuida sozinha de filha(s) e/ou filho(s). Héstia é o arquétipo da mulher que assumiu ou introduziu visão e perspectiva femininas do cuidado do espaço. Por isso, Héstia rege a arquitetura. Ela é tida como a deusa da lareira. Considerando o inverno dos povos do norte, este arquétipo em foco é o calor que aquece o lar frio. Héstia é a naturalização de que o caráter de gestão doméstica e a organização do lar pertencem à mulher.

É importante notar que Héstia é pouco lembrada como divindade. Ela não figura com a mesma frequência que outras deusas nos circuitos de debate da mitologia grega. Isso é um sinal de que a "dona de casa" é a eterna esquecida.

O mito de Héstia é um símbolo de um estereótipo de gênero, uma ideia padronizada que circula com frequência nas mais diversas instâncias da sociedade: a ideia de que as mulheres são naturalmente donas de casa.

Apesar de Héstia ser um mito que simboliza esse estereótipo, é necessário registrar que o papel da dona de casa talvez seja um dos mais contraditórios. Não se pode tomá-lo como homogêneo ou como um padrão de conduta. No mundo contemporâneo, o serviço doméstico feminino não remunerado tem nuances de classes incontornáveis. De modo geral, o papel de dona de casa está associado a uma submissão feminina à figura masculina. Sem dúvida, as relações de gênero são dinâmicas e a figura da dona de casa, em certa medida, pertence aos arquivos do passado. Mas, mesmo quando esse papel estava fortemente vinculado às mulheres, as classes sociais reservavam configurações diferentes.

Em 1980, o professor do Departamento de Ciências Sociais da Universidade de São Paulo (USP) José Reginaldo Prandi[1] organizou uma pesquisa que apresentou o cenário da situação. As mulheres de classes sociais mais baixas não tinham muitas opções: gerenciavam e organizavam os serviços domésticos em casa mesmo depois de duras e longas jornadas de trabalho remunerado externo. As mulheres de classe média com carreira profissional contavam com empregadas domésticas para realizar as tarefas, cabendo às "patroas" estabelecer rotinas, escrever agendas, gerenciar e supervisionar quando estivessem em casa, mantendo seus trabalhos remunerados.

Héstia é a dona de casa completa e rege todo esse processo de socialização que reitera a naturalização do feminino como gestor da casa. Se observarmos os brinquedos ditos de menina e de menino hoje, veremos o quanto reforçam esse papel.

Não é raro vincular cores e alguns tipos de utensílios domésticos ao sexo feminino. Nas sociedades patriarcais a ideia de que existem mundos separados para mulheres e homens ainda se mantém hegemônica. As meninas brincam de boneca e com réplicas de utensílios domésticos, como fogões, geladeiras, lava-louças, vassouras, ferros de passar roupas e objetos do tipo. A proposta visa fabricar um arquétipo Héstia sempre presente no inconsciente das meninas. Uma menina deveria obrigatoriamente desenvolver habilidades de cuidado com bebês e gestão doméstica, internalizando um modelo de princesinha, dona de casa e mãe zelosa. Dessa forma, os estereótipos de gênero são continuamente reforçados. O desafio está em questioná-los.

Héstia é um mito que precisa ser revisitado, já que sua presença se mantém firme, rija e renitente no imaginário de todas

---

1. A pesquisa intitulada *A mulher e o papel de dona de casa: representações e estereótipos* foi realizada por estudantes do 2º semestre da disciplina "Métodos e Técnicas de Pesquisa Social I" na USP.

e todos nós. Daquilo que não falamos e não colocamos sob as luzes de nosso olhar fica o registro de uma ausência presente, o que torna mais difícil combater esse modelo. Por isso, Héstia precisa ser redescoberta; mas não precisamos destruí-la por inteiro. O seu conhecimento da arquitetura pode trazer novos caminhos para o lar, abandonando de uma vez por todas aquela frase já sepultada: "Fulano é um bom marido porque 'ajuda' a esposa com os serviços domésticos". Ora, existe em Héstia, patrona da arquitetura, a capacidade de construir um lar em que a casa seja vivenciada por todas as pessoas e em que os homens deixem de ser hóspedes de sua própria casa.

ÁRTEMIS, A GRANDE

Se Héstia é um dos arquétipos femininos mais enraizados na sociedade contemporânea, Ártemis é uma deusa que representa instintos de força e competição, mas, ainda assim, traz consigo valores sexistas dos quais não consegue se desvencilhar.

Quem foi Ártemis? Filha de Leto, deusa da noite, e de Zeus. O deus mais poderoso do Olimpo, como de costume, cortejou uma deusa que era do seu agrado. Leto foi envolvida e deixou-se encantar por ele. Depois de alguns encontros, engravidou. A história chegou como leve brisa aos ouvidos de Hera. A grande deusa esposa de Zeus, cheia de ira, decidiu impedir que Leto desse à luz, exigindo que Gaia não permitisse que ela parisse em qualquer parte de seu território. Impedida de parir em terra firme, Leto pediu acolhida a Delos, a ilha flutuante.

Como nos disse Hesíodo, Leto deu ao mundo Apolo e Ártemis, dois dos mais reconhecidos deuses do Olimpo.

Leto gerou Apolo e Ártemis verte-flechas,
prole admirável acima de toda a raça do Céu,
gerou unida em amor a Zeus porta-égide.[2]

---

2. Hesíodo, 1995, p. 117

O deus menino, louro. A menina deusa, morena: pele branquíssima e cabelo escuríssimo. Outra vez informada pelas brisas que serviam de carruagem de fofocas, Hera retomou sua ira, ordenando que a serpente Píton seguisse à caça das duas crianças divinas. A vida de Leto, Apolo e Ártemis foi uma fuga constante. Em dias de regozijo, eram pegos de surpresa; em noites embaladas por doces sonhos, colocados em vigília contra a vontade.

Tanto Ártemis como Apolo receberam um presente dileto de Zeus: um arco poderoso para flechas. Quando Apolo cresceu, foi atrás de Píton. Após matá-la, tomou o posto de deus sol, que originalmente era de Hélios. Enquanto isso, Ártemis confirmou-se como a deusa da caça e da lua.

Deusa casta, sempre cercada de ninfas, ela fez da floresta densa e escura o seu lar. Avessa ao olhar masculino, sempre preferiu conviver com outras deusas. Dentre os deuses, gostava somente do irmão e, parcialmente, do pai. Certa feita, um dos maiores caçadores gregos, o lendário mortal chamado Acteão, foi caçar com amigos. Ele era um homem admirado pela capacidade de espreitar, cercar e abater as maiores presas. Como era de praxe, chegando à floresta, deixou para trás seus companheiros de caçada. De repente, esgueirando-se atrás de um cervo, avistou corpos nus luminosos. Pela imaginação de Acteão passaram ideias e lampejos que diziam: "Devem ser musas". Uma das ninfas cruzou o olhar com o homem, assustou-se e tentou proteger a nudez. A ninfa tocou Ártemis no ombro para mostrar o caçador. A deusa da lua irritou-se em ser invadida nua pelo olhar do mortal; daí, num rompante, cobriu Acteão com seu poder, transformando-o num cervo. Acteão, assustado e sem nada entender, correu. Em pouco tempo, seus cães de caça, que estavam com seus amigos, sentiram o odor do animal — Acteão — e seguiram em sua caça. Acteão, ou melhor, o cervo, correu em disparada, mas foi alcançado pelos cães e depois pelas flechas de seus amigos. Já abatido e prestes a deixar o mundo, Acteão ouviu um dos amigos dizer: "Uma pena Acteão não estar aqui. Onde será que ele está?"

Outro episódio semelhante que nos diz muito a respeito de Ártemis tem versões diferentes. Trata-se da relação entre a deusa da lua e Órion, o caçador exímio. Conta-se que se apaixonaram. Órion, o gigante caçador, vivia sempre próximo de Ártemis. A convivência e a habilidade com o arco, comum aos dois, criaram uma névoa doce de carinho entre a deusa e o filho de Poseidon. Em uma versão, Apolo ficou enciumado e enviou um escorpião mortal para o pretendente da irmã. Outra versão diz que Órion desagradou Ártemis e foi abatido por ela.

O que esses mitos nos dizem sobre Ártemis? Ou, ainda, sobre as mulheres? Ártemis é um arquétipo feminino. Ela é um tipo de "mulher-maravilha", uma guerreira, uma caçadora fenomenal que maneja arco e flecha com habilidade extraordinária. Uma mulher atlética que se relaciona com firmeza, amiga de outras mulheres e do tipo que não leva desaforo para casa. Além de sua personalidade em si, outro elemento que merece destaque nos mitos de Ártemis é o ciúme do irmão, que resulta em tensão com o pretendente ao posto de cunhado. Tudo leva a crer que Apolo tem ciúme de Ártemis e não apoiou o seu relacionamento com Órion.

Na versão em que ela mata o gigante, a morte parece simbolizar a introjeção da opinião masculina sobre o pretendente. Ainda que Ártemis seja independente, guerreira, forte e poderosa, na sociedade patriarcal, o casamento de uma mulher não ocorre sem que o pai e a mãe aprovem e incentivem a relação.

Mas o que está em jogo? Tudo indica que, nas sociedades de pátrio poder, a ascendência da família sobre as mulheres seria muito mais intensa do que sobre os homens. Nessas sociedades, a mulher precisa de autorização da família para se relacionar com um homem, enquanto a recíproca não é verdadeira. O psicólogo Robert Wright, no livro *O animal moral* (1996), analisou elementos que se repetiam nos critérios de escolha de mulheres e homens em relacionamentos heterossexuais em 37 culturas diferentes. Para Wright: "Poucas mulheres iriam preferir um homem desempregado e desorientado a um ambicioso e bem-sucedido, (...) poucos homens iriam escolher uma mulher (...) que não fosse 'cheia de curvas, bonita e inteligente'".[3]

De qualquer modo, o que o psicólogo evolucionista diz é controverso, polêmico e perigoso porque parece endossar as relações de gênero em moldes sexistas. Provavelmente, isso se deve aos condicionantes históricos e sociais numa sociedade machista, e não a fatores biológicos. As pesquisas indicam que esse padrão funcionou por séculos em diversas sociedades, até boa parte do século XX, quando foi confrontado pelo feminismo.

O mito de Ártemis nos diz algo a esse respeito. Apolo não enxerga Órion com "bons olhos" porque o gigante tem uma posição social inferior à de sua irmã. Primeiro, ela é uma "deusa", ou seja, pertence a uma classe sociocultural com mais prestígio do que a do gigante. O argumento usado por Apolo para que Ártemis desista do envolvimento amoroso foi o mesmo que usaram com as mulheres durante boa parte da história da humanidade nas sociedades patriarcais. Uma mulher deve ser desposada por um homem que possa sustentá-la.

O patriarcado interpreta que uma mulher com mais prestígio do que o seu companheiro tende a se "desgostar", isto é, matá-lo simbolicamente. A recíproca não é verdadeira: em sociedades patriarcais, homens com sucesso profissional e de prestígio social podem se casar com mulheres com baixo ou nenhum sucesso e prestígio sem que isso seja relevante.

Sobre o relacionamento amoroso, as mulheres foram ensinadas em sociedades patriarcais que "o homem sustenta a casa" e "a mulher é uma super-heroína que cuida do marido, dos filhos, e permanece bonita". Isso aparece sobretudo na metáfora do que deve ser o casamento, de acordo com o mito de Ártemis. Que tipo de assimetria se deve evitar? Vejamos alguns simbolismos.

Nas sociedades ocidentais, o vestido branco para a noiva se tornou uma obsessão ao longo de praticamente todo o século XX.

---

3. Robert Wright, 1996, p. 74.

Ainda durante o início do século XXI, a noiva dá preferência ao vestido branco, cor que representa a pureza. Essa condição virginal da noiva só pode ser desfrutada por um noivo que a mereça. No mito de Ártemis, Órion não a merece. Ele é "menor" do que a noiva: ela é deusa; já ele, apesar de ser gigante de uma raça superior à dos humanos, é mortal. "Nobre", mas nem tanto.

No festejo do casamento, o pai da noiva, ou um parente próximo, a entrega para o noivo. Isso simboliza que o consentimento da família da noiva é indispensável, ao passo que o mesmo não se dá com o noivo. O homem é livre para escolher, desde que não esteja em posição inferior à da escolhida. Como foi dito, Ártemis mata Órion. Ártemis personifica uma mulher que não consegue assumir uma relação com um homem de posição social inferior a ela e reprovado pela família. O ato de Ártemis matar Órion é uma metáfora de introjeção de valores sexistas.

HERA: A ESPOSA AVILTADA

Na história de Ártemis, Hera aparece no pano de fundo como uma espécie de vilã que dificulta a vida da deusa da caça e de seu irmão por ciúme do marido. O arquétipo dela nos remete simplesmente à mulher que encarna a experiência de esposa. A vida em função do esposo e o ciúme são algumas das características que delineiam Hera. Não é raro que os mitos em que Hera aparece se refiram a Zeus e suas amantes. O protagonismo da deusa é quase sempre ofuscado. Seu papel é interpretado em função de sua posição nos triângulos amorosos em que Zeus se mantém no topo, no lugar da supremacia masculina. Hera aparece como reativa; sua ação é sempre a de defesa feroz do seu casamento, o que funciona com golpes sempre desferidos contra as amantes de Zeus.

Cabe-nos situar Hera, traçar sua genealogia e depois procurar descrevê-la naquilo que tem de peculiar. A deusa olímpica é filha de Reia e Cronos. Zeus, seu irmão, fez artimanhas diversas para se aproximar de Hera. O primeiro esforço de

Zeus foi usar sua autoridade como a mais poderosa divindade olímpica. Mas Hera sempre deixou tudo muito explícito: só se deitaria com um deus que a amasse, e depois do casamento. Ela permaneceria casta; e, em vez do poder, desejava enxergar a fragilidade do amado.

Na antiga Grécia, Hera recebia celebrações em três santuários. Cada um representava um estado da vida feminina. Havia um santuário para Hera Paternos — durante a primavera, a jovem e casta. Um segundo para Hera Teleia — verão e outono, a perfeita e realizadora. Por fim, um santuário dedicado a Hera Chera — inverno, a viúva. Com atributos negativos e positivos, Hera é um retrato de uma perspectiva feminina.

Para conquistá-la, Zeus usou seus poderes para transformar-se num frágil pássaro, um cuco. Após a metamorfose, seguiu até a frente dos aposentos de Hera; a deusa ficou encantada com a ave frágil e foi socorrê-la. Afeiçoada ao bicho, passou a levá-lo junto ao peito dia e noite. Depois de dois outonos seguidos, Zeus revelou-se. O deslumbramento tomou Hera. A deusa ouviu de Zeus um desejo antigo: um pedido de casamento.

O casamento de Hera e Zeus foi estrondoso, todo o Olimpo participou, e mais além: alguns seres do Inferno também foram prestigiá-los após as devidas liberações. Deusas, deuses, ninfas, sátiros, seres de tipos diferentes, centauros, minotauros, semideuses, mortais curiosos disfarçados etc. A festa foi uma apoteose de esplendor. A lua de mel durou 100 anos[4] e foi de alegria e júbilo.

Depois de algum tempo, quando as núpcias já não eram mais tão entusiásticas. Zeus esqueceu as promessas feitas para Hera: fidelidade, exclusividade, amor e profundo respeito. Os costumes de antes voltaram com a mesma força. Zeus dizia que o seu vigor não podia ficar restrito ao casamento. Ele esbanjava vitalidade e potência. Hera foi desonrada pelo marido seguidas vezes.

---

4. Em algumas versões, durou 300 anos. Em outras, 500 anos.

Aqui, um dos pressupostos que precisa ser analisado é o sexismo da sociedade patriarcal. Hera e Zeus são tomados como modelos, ou, melhor dizendo, estereótipos de gênero. Hera encarnaria aquilo que a mulher deve ser como esposa e mãe: fiel, recatada e discreta. O protótipo da dona de casa, da cuidadora, a mulher compreensiva que releva os deslizes. Uma mulher que não ataca o esposo, mas reafirma o patriarcado ao eleger sempre outras mulheres como as rivais, poupando o homem de suas responsabilidades pela quebra do contrato de matrimônio. Segundo a ideologia patriarcal, Zeus só teria de assumir o patrimônio como algo de sua alçada, o pátrio poder, o que concede as licenças para o seu desejo masculino se manifestar fora do casamento. Em outras palavras, o homem vitorioso e poderoso não pode ser privado de dar vazão ao desejo sexual de "possuir" outras mulheres além da esposa, o que nessa estrutura seria completamente aceitável. Importante observar que "patrimônio" é um conceito que vai além da noção de herança; na raiz da palavra, diz respeito à ideia de que o poder é masculino. "Pátrio" deriva de pai, de homem.

O problema está justamente no estabelecimento de naturezas feminina e masculina. Hera é a deusa que encarna um mito de feminilidade perigoso e autodestrutivo. Ela revela a passividade da esposa, mas também aparece como a mulher vingativa. E protagoniza ações de vingança que abrem mão da sororidade, da união das mulheres contra a opressão patriarcal.

Hera traz à luz uma dimensão que merece ser analisada minuciosamente. Ela é o arquétipo da mulher que, para sentir-se plenamente satisfeita em sua condição feminina, precisa estar casada. O que Hera significa? A introjeção de um imaginário de uma sociedade sexista e, sem dúvida, misógina (na medida em que a mulher só "presta" se estiver dentro dos padrões previamente definidos).

Hera nos revela a mulher que, mesmo poderosa, se submete ao homem abusador. Hera e Zeus formam um casal que sintetiza um modelo de casamento que ainda parece válido para as mentalidades mais conservadoras. O homem é quem pode tudo no mundo exterior; a mulher é a dona de casa, isto é, a senhora do mundo privado. Denominamos essa construção de gênero por duas expressões complementares: masculinidade tóxica e feminilidade em desvalia.

Zeus é um exemplar da masculinidade tóxica, isto é, um conjunto de comportamentos de autoafirmação que deixou um vasto legado até hoje.

MASCULINIDADE TÓXICA

- Homem não chora.
- Homem nunca nega sexo.
- Homem é afirmativo e usa a força com quem ultrapassa os seus limites.
- Homem é controlado, mas impulsivo diante de uma ofensa.
- Homem não tolera comportamentos que indiquem fraqueza.
- Homem é um ser humano simples, que "exige" de uma parceira somente beleza e sexo.
- Homem, mesmo casado, pode ter amantes.

FEMINILIDADE EM DESVALIA

- Mulher precisa de um homem que lhe dê o nome.
- Mulher tem instinto materno natural, isto é, está ligada à natureza. E a natureza é uma dimensão que deve ser dominada pelo homem.
- Mulher precisa atender minimamente aos padrões de beleza.
- Mulher é um ser complexo, exige um parceiro que possa suprir uma série de necessidades.

Hera retrataria justamente a figura feminina do patriarcado: a mulher que tem como meta o casamento. Hera é a incondicionalidade: custe o que custar, ela pretende manter o casamento. O sucesso de uma mulher, sua meta principal, seria conquistar o maior dos deuses ou heróis. Daí a necessidade de derrotar outras mulheres. Hera está sempre em disputa pela manutenção de seu posto. Em um dos relatos míticos, certa vez Hera foi embora de seu palácio no Olimpo, deixando Zeus aos seus próprios cuidados. Ela estava cansada de ser enxovalhada publicamente. Portanto, decidiu abandoná-lo. Foi então que Zeus teve a ideia de mentir: informou todo o Olimpo que se casaria novamente, sabendo que a história chegaria até Hera.

Ao ficar sabendo da notícia, a deusa-esposa-mãe suprema decidiu voltar para o Olimpo, então descobriu que a noiva de Zeus não passava de uma estátua e que o evento era uma trama de Zeus para reavê-la.

Hera é a mulher que faz tudo pelo casamento. O seu "posto" de esposa era uma conquista que não poderia ser ameaçada pelas concorrentes. Ela vive em função do casamento, seu bem mais precioso. Isso não tem necessariamente apenas aspectos negativos. A deusa tem uma virtude que parece pouco à vista: é capaz de projetar novas possibilidades diante dos maiores infortúnios, porque, apesar de todas as mágoas, ainda insiste em viver com Zeus. O que lhe falta? Amor-próprio, respeito pelo seu desejo de uma relação em que o parceiro não quebre o acordo continuamente. Hera nos ensina algo; as mulheres podem revisitá-la para enxergar que podem desistir de um casamento e que não são responsáveis pela profilaxia desse relacionamento, considerando que existe outra pessoa envolvida. Desistir não é o mesmo que derrota. Talvez essa lição esteja implícita no mito de Hera.

HERA, ZEUS, IO: ENTRE A ESPOSA E A AMANTE

Quando eles se entopem de vinho
Costumam buscar um carinho
De outras falenas
Mas, no fim da noite, aos pedaços
Quase sempre voltam pros braços
De suas pequenas, Helenas

"Mulheres de Atenas", *Chico Buarque e Augusto Boal*

Como vimos, o casamento de Hera e Zeus sofre ameaças contínuas por escapadas de um esposo infiel, que se mostra sempre interessado em outras deusas e nas mortais mais belas.

Certa vez, observando os templos de Hera, Zeus avistou Io — uma jovem belíssima. Deus supremo do Olimpo, ele usou suas habilidades e apareceu resplandecente em sonho premonitório para Io: durante o devaneio, a jovem ouviu uma voz que ordenava "para ti, a fortuna começará a frutificar com tua entrega incandescente aos desejos de Zeus". Quando acordou, Io procurou seu pai, que consultou o Oráculo de Delfos, confirmando o destino da filha.

Confiante, Zeus desceu até o templo em que a princesa-sacerdotisa exercia suas funções. O encontro agradou tanto o deus quanto a mortal. A bela jovem passou a desfrutar de uma paixão incandescente com Zeus. Ao longo do tempo, os encontros frequentes e com regularidade tornaram-se motivo para comentários no Olimpo. As palavras que pintavam de cores ardentes o romance de Zeus com Io seguiram por diversas estradas até os ouvidos de Hera. A desconfiança fez com que a esposa seguisse Zeus até o templo. Percebendo a aproximação dela, o deus fez uma nuvem se colocar entre a visão de Hera e o seu encontro com Io. Mas a deusa do casamento soprou a nuvem. Zeus pressentiu isso e transformou Io em uma vaca branca. Contudo, a deusa não era fácil de ser ludibriada. Convicta de que aquela era a amante de seu esposo, fez um pedido:

"Querido esposo, sabes que gosto de teus presentes e trato-os como prova de teu amor e fidelidade. Esta vaca branca que pasta aqui ao teu lado é uma prenda que desejo conservar enquanto ela estiver viva. Dá-me."

Zeus não poderia recusar esse pedido, e assentiu, imaginando como faria para recuperar Io e devolver-lhe a forma humana. Sagaz, Hera também buscava alternativas para os ardis do marido; e, percebendo que Zeus faria qualquer coisa para recuperar sua amante, ela disse:

"Meu querido esposo, esta vaca será um dos meus prediletos presentes. Por isso, ficará hospedada no cume daquela colina, sob a guarda do gigante Argos Panoptes, para preservar-lhe a segurança. Meu esposo, fica tranquilo porque este belo presente será vigiado noite e dia, sem cessar, pela vigília contínua de Argos. Ele tem cem olhos e nunca dorme."

Zeus, então, concentrou-se em conjecturar como trazer Io de volta à forma humana e desfrutar de sua beleza. Após algum tempo de reflexão, convocou Hermes, o deus da comunicação e da fertilidade, para que fosse ao encontro de Argos e fizesse uma artimanha que o afastasse de Io, que já temia nunca mais voltar a ser gente.

Quando o fiel vigilante Argos sentiu sede e foi tomar um cálice de água, Hermes usou de sua incrível velocidade e trocou a bebida por uma poção que adormeceu o gigante. Em seguida, Zeus chegou, fez com que Io voltasse à forma humana, colocou uma nuvem escura sobre a montanha e foi saciar seu desejo pela amante. E, antes que Argos acordasse, decapitou-o.

Hera dormia no Olimpo e, quando acordou, estranhou a nuvem sobre o monte. Com seus poderes, a esposa tirou-a do local. Mas Zeus observou a nuvem se mover e transformou Io novamente em uma vaca branca, tratando de ficar invisível para que a esposa não o encontrasse.

Hera, no entanto, viu Argos decapitado. Nesse instante, um pássaro sobrevoava próximo à vaca. Hera retirou os olhos de Argos e atirou-os na cauda da ave. Foi o nascimento do pavão, com a cauda de cem olhos. Daquele dia em diante, o pavão passou a ser o guardião dos cem olhos abertos. E Io perdeu a chance de voltar a ser humana, ficando aprisionada no corpo de uma vaca.

CIÚME: A GUERRA ENTRE AS MULHERES

O mito que traz Hera como oponente de Io reúne uma série de elementos que merecem atenção. Primeiro, Hera representa nitidamente a esposa; Io, a amante, é sua rival nessa trama em torno de uma traição de Zeus. Em nenhum momento, encontramos alguma menção de Hera a confrontar o esposo, exigindo dele a fidelidade esperada. Ela prefere a retaliação por outra via: vigiar a amante.

Curiosamente, no mito, Zeus e Hera integram o panteão dos deuses, enquanto Io é uma mortal. Essa perspectiva oferece uma informação básica: o casamento é sagrado. A amante é digna de um julgamento que pode sentenciá-la à morte — ainda que a "morte" aqui seja um funeral simbólico que lhe retira a dignidade de um casamento futuro. Num determinado momento do mito, diante da aproximação de Hera do lugar em que Io vivia, Zeus transforma Io numa vaca, para que a esposa não encontre sua amante e confirme as evidências já conhecidas. Zeus converte Io em mulher sempre que a esposa Hera está distante. Mas, quando esta se aproxima da amante, ele a transforma em vaca, para que a conversa entre as duas seja impossível. A animalização da amante de Zeus é a maneira pela qual ela perde os direitos a um relacionamento afetivo socialmente reconhecido. Por isso, não é de estranhar que Hera arranje artimanhas para vigiá-la de modo ininterrupto, impedindo que a mulher retome a forma humana.

Na trama, Hera coloca seu fiel servo, o gigante Argos, como vigia de Io. Os cem olhos do gigante são a publicização da condição de Io. É como se pudéssemos dizer: "Toda a população agora sabe quem é essa mulher; ela não passa de uma amante que se intromete em um relacionamento sagrado!". E contra Zeus? Nenhuma arma é levantada. Todo o arsenal de Hera concentra-se em manter Io zoomorfizada, fazendo todo o possível para que a jovem mortal permaneça um animal. O pavão, já mencionado, remete-nos aos "olhos públicos", sempre em alerta para identificarem a infidelidade conjugal. Ao menor sinal de aproximação de Zeus, a esposa será comunicada para tomar as devidas providências. A posição da amante é penalizada, enquanto o marido que mantém um caso extraconjugal não se torna alvo da vergonha pública.

O mito mostra que o maior receio de Zeus é que Hera confirme sua suspeita — o marido não quer que seu casamento chegue ao fim. Por isso, ele opta por se afastar da amante, deixando-a eternamente transformada em uma vaca. Não à toa, diversos xingamentos sexistas imputam nomes de animais às mulheres: além de "vaca", há também menções agressivas como "cadela", "piranha" e "galinha". Não estamos afirmando que a origem da animalização da mulher é exclusividade da cultura do patriarcado grego; mas, sem dúvida, alguns mitos do mundo heleno reafirmam a ideia da animalização feminina.

ATENA, AFRODITE, HERA: BELEZA E RIVALIDADE FEMININAS

A rivalidade feminina é uma situação recorrente nos mitos gregos, em que deusas e mortais são retratadas como rivais no amor, na beleza, em casa. A história do casamento de Peleu, rei da Tessália, com Tétis, filha de Urano e Gaia, é um dos maiores exemplos disso. Todas as divindades foram convidadas para a bela festa organizada pelos noivos. A única exceção foi Éris, deusa da discórdia. Diante disso, Éris decidiu se vingar e arremessou um pomo de ouro entre Hera, Afrodite e Atena, que conversavam em um jardim. Na maçã dourada estava escrito: "Este pomo de ouro é para a mais bela".

Aos pés das três deusas, a maçã foi observada com uma certeza comum. Hera, deusa da maternidade, pensava que a maçã lhe pertencia. O mesmo pensamento estava na mente de Afrodite, deusa do amor e da beleza. E Atena, deusa da sabedoria e da guerra, supunha também isso. A discórdia estava instaurada: cada uma se julgava a dona natural do pomo de ouro.

Como uma discordava da outra, decidiram que seria necessário um julgamento externo. O juiz escolhido foi Zeus, marido de Hera, pai de Afrodite e de Atena. Diante da dificuldade de ter de escolher entre a esposa e uma das duas filhas, ele preferiu passar a responsabilidade para o príncipe Páris, de

Troia. Sem poder recusar o dever, Páris foi obrigado a decidir quem seria a mais bela entre Hera, Afrodite e Atena.

Diante de um tribunal presidido por um mortal, cada uma decidiu exibir sorrisos e fazer uma defesa. Hera deu início ao seu discurso:

— Páris, jovem príncipe de Troia, vê minha beleza e, ao lado, a generosidade que de bom grado lhe remeto. Eu sei que teu coração, tomado pelo meu brilho, vai curvar-se diante de mim. Mas, mesmo que desejes fazê-lo de bom grado e nada peças em troca, quero dar-te um presente: a glória de governar. Eu estarei ao teu lado, inspirando em ti a capacidade de governar soberanamente sobre todos os povos da terra, para que te convertas no dono do reino que os olhos não alcançam.

Neste momento, Atena a interrompeu. A deusa da guerra disse com empenho que a sabedoria da arte de guerrear estaria completamente sob o comando de Páris se ele a escolhesse:

— Ao gesto mais tímido de tua voz, os exércitos mais poderosos de prontidão marcharão para conquistar outros povos, proteger os teus, aumentar teus domínios e fazer com que, ao menor sinal de teu perfume, os generais curvem-se deitando as armas.

Mas Afrodite, a próxima a falar, também tinha suas armas secretas. E afirmou:

— Páris, eu sou a deusa do amor e da beleza. Nada posso dar-te que seja comparável ao poder dos exércitos ou à obediência serena dos súditos. Eu só posso ofertar o amor da mulher mais bela da terra, a devoção sem véu da paixão verdadeira, do olhar mais doce e puro que vive em teu mundo.

Páris não teve dúvida alguma e, apesar de fazer um silêncio que incomodou as três deusas, a decisão já estava tomada em seu coração:

— Senhoras donas de beleza celestial sem par neste mundo, não posso comparar-vos. Eu só posso fazer um pedido: não desejo ser o mais poderoso governante, tampouco desejo a destreza de ser o senhor da guerra. A única coisa que persigo é o amor e a beleza. Por isso, escolho a senhora Afrodite.

As palavras de Páris tiveram efeitos diferentes em cada uma das deusas. Afrodite abriu um sorriso que resplandecia como o sol. Atena ficou brava e decidiu que o faria um general vulnerável. Hera esbravejou e afirmou que o seu governo seria o mais fraco da terra.

Após o julgamento, as deusas voltaram para o Olimpo, lugar das divindades. Não passou muito tempo e Páris foi convidado a visitar as terras gregas. A chegada do troiano em missão diplomática foi a oportunidade para o cumprimento das promessas de Afrodite: aproximar Páris da mulher mais bonita da terra. Um breve encontro com Helena, rainha de Esparta e esposa do rei Menelau, fez despertar um sentimento lancinante e inesperado. A beleza de Helena inundou o coração de Páris; e, por sua vez, a bela rainha teve sua alma tomada por um amor impossível.

Depois de um jantar, em meio a conversas sobre acordos entre Esparta e Troia, os dois amantes tramaram um plano ardiloso. Páris saiu manso de seu quarto e foi até os aposentos de Helena, que não dormia, porque sonhava acordada com ele, e a raptou.

A fuga para Troia foi descoberta logo pela manhã, despertando sede de vingança do rei Menelau, que empreendeu um plano para unir o povo grego e tomar Troia. Naquele tempo, a Grécia era formada por diversos reinos. A afronta do príncipe Páris somou-se a outras desavenças entre gregos e troianos, entre elas, o comércio. Os navios que passavam pelo mar Negro em direção à Grécia pagavam impostos aos troianos, o que tornava o comércio mais dispendioso. Outro motivo era a cobiça em relação a um tesouro troiano que teria espólios gregos de um passado distante. O rapto, então, tinha sido a gota d'água.

O rei Agamenon, irmão de Menelau, o marido traído, tomou a dianteira e convocou os reinos mais poderosos, tornando-se o general da guerra. O conflito reuniu Aquiles da Tessália, Ulisses de Ítaca, além de Menelau de Esparta. Os exércitos gregos, sob o comando de Agamenon de Micenas, depois de dez anos de batalha, subjugaram e destruíram Troia. Páris sucumbiu com os troianos. Já Helena voltou aos braços do marido, Menelau. Por fim, durante todo o tempo, a deusa Atena apoiara o povo grego, usando seus poderes divinos para que fossem hábeis na arte da guerra. Afrodite, sem poderes para dirigir um combate vitorioso, assistiu à derrota e queda de Páris e seu povo devido ao amor.

AFRODITE E HELENA: A BELEZA EM DISPUTA

Uma especulação sobre essa narrativa mítica é aquela que diz que os concursos de beleza começaram no mundo ocidental com o julgamento de Páris sobre as deusas Afrodite, Hera e Atena. Sem dúvida, os concursos de beleza podem inevitavelmente remontar a essa história. É importante notar que a concorrência para definir quem é mais atraente envolve muito mais as mulheres do que os homens.

A feminista Naomi Wolf lembra a frase escrita na bandeira de uma candidata a Miss Califórnia em 1989: "Os concursos de beleza prejudicam todas as mulheres".[5] O mito do "concurso de beleza" entre Afrodite, Hera e Atena é um combustível explosivo para a rivalidade. Que tal refletir por um instante? O poder fugaz de ser escolhida a mulher mais bonita não é nada quando comparado com o poder dado ao homem.

O homem é um juiz que tem o poder de dizer quem é a mais bela entre as belas; mas a escolhida não pode continuar sendo uma obra de arte viva por décadas, a não ser que seja uma imortal grega. Aqui há outro conceito importante: a beleza feminina permanece associada à juventude. A velhice, entre as mulheres, durante séculos, esteve associada ao papel das bruxas.

Um dos paradoxos dos concursos de beleza, pelo menos nos tempos em que a musculação e as cirurgias plásticas ainda não tinham se popularizado, é que são uma competição em que as

---

5. Naomi Wolf, 1992, p. 384.

vencedoras e as perdedoras não fazem nenhum treinamento ou esforço sistemático por isso. Tudo indica que bastariam a genética e a juventude. A "dádiva natural" da beleza determinaria as campeãs e as derrotadas. Ou seja, uma mulher bonita é aquela que teve sorte em ser presenteada pela deusa da beleza no nascimento e conservada assim pelos favores desta.

No entanto, a lógica da meritocracia é de que as pessoas mais capazes vencem. Ou seja, as candidatas mais competentes, sejam concorrentes individuais ou equipes, devem superar as outras com base em sua capacidade de executar a tarefa exigida pela competição. Mas o que significa ser a mais bonita? Para o povo grego, é dispor de uma condição natural, uma dádiva divina. Nesse sentido, não seria possível melhorar o desempenho ou a performance em um concurso de beleza, porque as condições dadas desde o nascimento não poderiam ser objetivamente melhoradas.

Outro ângulo interessante desse mito é que o ciúme e a hostilidade nutridos pelas mulheres que perdem o concurso são a base de uma guerra ocasionada pelo mito da beleza. A interpretação é inequívoca: os homens disputam a mais bela. O mito informa, corrobora e retrata o fato de que os homens mais fortes e poderosos lutam entre si para conquistar as mulheres mais bonitas.

Helena, tida como a mortal mais bela, é disputada pelos homens mais poderosos de seu tempo. A coisificação da mulher é um elemento que parece resistir até hoje. Helena parece um troféu que será conquistado e mantido somente por quem pudesse demonstrar habilidade e força.

MEDUSA, A BELA E A FEIA

Mas, e quando os homens mais hábeis, fortes e poderosos não conseguem conquistar as belas mulheres que desejam? E o que acontece a mulheres sem beleza?

Na *Teogonia*, de Hesíodo, há versos que falam de uma misteriosa personagem: Medusa.

A história de Medusa começou a partir de uma paixão incestuosa. Fórcis, deus das criaturas marinhas, apaixonou-se pela irmã, Ceto, deusa dos perigos marinhos. A atração mútua fez com que ficassem cada vez mais perto e se tornassem amantes. Desse amor, nasceram Esteno, Euríale e Medusa, todas igualmente belas.

Medusa foi, então, selecionada pela deusa Atena para ser sua guardiã. Tamanha honra veio com responsabilidades e obrigações: Medusa deveria se manter casta, vivendo com disciplina austera para cumprir seu papel de sacerdotisa de Atena. Mas a beleza de Medusa encantava muitos deuses e mortais. Dentre seus admiradores, Poseidon era o mais audaz e insistente. O deus que reinava sobre as águas dos oceanos, filho de Cronos e irmão de Zeus e de Hades, não poupava esforços para conquistar Medusa. Ela, porém, fiel às suas obrigações, que se estendiam até o pôr do sol, não se deixava encantar por nenhuma das investidas.

Quando, um dia, repousava dentro do templo, depois de inúmeras tarefas como sacerdotisa, deu-se o pior. Poseidon saiu do mar inebriado de paixão e não aceitou o costumeiro "não" de Medusa. Enlouquecido, ele golpeou e violentou Medusa de maneira brutal. A partir desse momento, em meio ao trauma e à dor do estupro, a divina criatura sentiu-se horrível, suja, solitária e chorou copiosamente. Ao amanhecer, as lágrimas secaram, mas a dor continuava, e Medusa sentia-se deprimida e derrotada.

Outra surpresa aproximava-se. A voz de Atena ocupou o templo. Os ouvidos de Medusa escutavam, porém ela não conseguiu articular nem uma palavra. Atena continuou chamando por ela, cada vez mais alto, e procurando a sacerdotisa. Por fim, encontrou-a deitada, com marcas de lágrima por todo o rosto, a respiração ainda ofegante de sofrimento. Medusa estendeu as mãos, pedindo socorro, e contou o que tinha acontecido. A lembrança do dia anterior trouxe de volta as dores, a impotência e o desespero.

Atena ouviu o relato calada, e, por alguns instantes, Medusa esperou carinho e compreensão por parte da deusa da guerra, mas esta reagiu de maneira violenta. Atena ficou indignada e usou seus poderes olímpicos para destituir Medusa de sua beleza e da condição de deusa imortal, transformando a sacerdotisa em uma figura horrenda, uma górgona. Os cabelos, outrora sedosos, viraram cobras. O desespero de Medusa foi colossal, como cabe a um mito grego. Amargurada, passou a transformar em pedra todo homem que a observasse, apenas com seu olhar. Os homens, que outrora a desejavam, passaram a temê-la.

Com passar do tempo, Medusa ganhou fama de malfeitora e cruel. Até que o jovem Perseu, incumbido por Polidecto, rei de Sérifo, foi incumbido de cortar a cabeça dela. O jovem aceitou a missão e ainda ganhou apoio da deusa Atena, que sentia intensa repulsa por Medusa. A deusa da sabedoria e da guerra presenteou Perseu com uma espada e um escudo que reluzia feito espelho, e instruiu o jovem guerreiro a jamais olhar a górgona nos olhos.

Perseu fez o que prometeu. Observando Medusa no escudo, que refletia a imagem dela, investiu o golpe certeiro, arrancando-lhe a cabeça.

O MITO DA BELEZA

Quando amadas, se perfumam
Se banham com leite, se arrumam
Suas melenas
Quando fustigadas, não choram
Se ajoelham, pedem, imploram
Mais duras penas; cadenas.

"Mulheres de Atenas", *Chico Buarque e Augusto Boal*

Na maioria das vezes, Medusa aparece como a górgona cruel que transforma homens em pedra. Poucas ilustrações reproduzem sua beleza descomunal antes de ser violentada por Poseidon. Mas, dentre as narrativas míticas, existem várias versões além da que foi contada anteriormente. Em uma delas, o ciúme aparece como o elemento culminante para a transformação dela em górgona: Atena disputava com Medusa a atenção afetiva de Zeus, deus supremo do Olimpo. Ele, arrebatado pela beleza de Medusa, acaba preterindo Atena.

Além de dizer muitas coisas sobre a sociedade grega na Antiguidade, o mito de Medusa aponta para as bases do sexismo no Ocidente em geral ao trazer dois temas com bastante vitalidade: a aparência feminina e o ciúme destrutivo.

Na narrativa do mito grego, a beleza parece ser uma chave de leitura por aparecer como qualidade objetiva e universal, algo que deve ser perseguido pelas mulheres. Sem beleza, elas não podem ser desejadas, e os homens as encarariam como monstros.

Na sociedade contemporânea, o mito da beleza diz muito à mulher. Em uma sociedade patriarcal, a beleza é uma qualidade praticamente ditatorial: as mulheres não têm direito à feiura, sob o risco de serem rejeitadas, o que se constitui, por si só, uma estratégia perversa de dominação e controle.

Outro elemento presente no mito é a noção de que, diante de uma beleza descomunal, os homens são tomados por uma ânsia irrefreável de possuir a bela mulher. O uso da força estaria, então, plenamente justificado pelo argumento de que a mulher deveria ser punida por despertar o desejo voraz do homem. Isso não é muito diferente da situação em que um homem assedia uma mulher na rua e diz que *ela pediu* ao sair de casa com um vestido decotado, de barriga de fora, de saia curta ou de short.

Medusa também aparece na narrativa como uma bela mulher que desperta o interesse dos homens poderosos, representados por Poseidon e Zeus. Mitologicamente, o deus dos oceanos nos remete ao mar das emoções.

O papel de Atena também é interessante: uma mulher em disputa com outra mais bonita. O ciúme que Medusa provoca em Atena simboliza a rivalidade entre as mulheres; a ausência da chamada sororidade, o lado feminino da fraternidade.

Portanto, o mito de Medusa funciona como um alerta. A beleza pode ser desejável, mas também um perigo capaz de provocar reações díspares: atração e desejo dos homens; ciúme e rivalidade das outras mulheres.

A perda da beleza traz uma situação igualmente terrível, ou ainda mais pavorosa. A mulher que não for bela provoca a repulsa e a aversão dos homens, o que acaba decretando sua morte social: em uma sociedade patriarcal, a mulher que não for bonita está automaticamente destituída de valor.

O assassinato de Medusa pelo herói Perseu, um homem ovacionado e coroado por ter mostrado à górgona sua própria face horripilante por meio de uma superfície espelhada, também propõe outra leitura. Se Atena representa a mulher invejosa e ciumenta, então o escudo de Perseu é justamente o reflexo que joga Medusa no precipício, fazendo com que perca a cabeça.

Nessa interpretação, a conclusão é que Medusa representa a mulher que perdeu não só a beleza, mas também a castidade, outro valor caro à sociedade patriarcal. A vítima violada é tomada como culpada e amarga uma nova pena: o isolamento e a vergonha pública. Atena, em vez de ser solidária com Medusa, também tem uma atitude violenta. Se Medusa esperava apoio, depois de relatar a violência do abuso sexual que sofrera, a surpresa perversa surge com o açoite imposto pela deusa.

Na punição imposta a Medusa, há total ausência de sororidade, e a atitude da deusa da guerra pode ser inscrita na lógica masculina e sexista que marcou a sociedade grega antiga e, por meios diversos, se instalou no imaginário da cultura ocidental. E o mito de Medusa é apenas um dentre vários outros da mitologia grega que evidenciam o sexismo na Antiguidade. Muitas acepções de feminino refletidas nas deusas revelam um tipo de dinâmica que instrui o que as mulheres devem ou não fazer até hoje.

Se Atena não entra em rota de colisão com Poseidon, que, de modo abjeto, violentou Medusa (ao contrário, declara a vítima sua inimiga e não faz nenhuma menção de acolhimento a seu sofrimento), é possível chegar a uma sucinta conclusão. Os homens, representados no mito por Poseidon e Perseu, podem ficar impunes diante de seus crimes contra as mulheres, simbolizadas por Medusa. Afinal, Medusa é uma personagem mítica que, ao ser destituída de sua beleza, nada mais tem a oferecer, a não ser o olhar frio, amargurado e cruel que transforma homens em pedra.

PERSÉFONE, HADES E AS QUATRO ESTAÇÕES DO ANO

Dentre os mitos gregos mais célebres e populares que nos informam muito a respeito da condição humana, principalmente sobre a mulher, podemos sublinhar o mito de Perséfone e Hades. Nessa história estão incrustadas ideias que podem revelar bastante a respeito do sexo feminino.

O mito começa singelo. De um encontro amoroso entre Zeus e Deméter nasce Core, que apenas mais tarde se transformaria em Perséfone. Deméter foi a quarta esposa de Zeus, antes de ele se casar com Hera. Filha de Cronos e Reia, a deusa olímpica tem sob seu cajado divino a agricultura, o trigo — planta-símbolo da civilização. Ao lado de sua filha, Core, Deméter organiza e orienta os mortais a plantar e colher. A única filha de Deméter auxilia a mãe, mas, entre uma tarefa e outra, gosta de passear pelo bosque e colher flores.

Certa vez, Core avistou a flor de Narciso, que, com suas cem pétalas, lhe provocou encanto inebriante e a levou a aproximar-se para colhê-la, sem pensar duas vezes. Mas, num sobressalto, percebe a chegada de uma carruagem preta, reluzente, puxada por cavalos garbosos vestidos de um escuro tom noturno estrelado. A carruagem traz Hades, o deus do subterrâneo, do Inferno. Em algumas versões do mito, Hades reivindica a flor de Narciso. Mas o que ele deseja efetivamente é Core. O deus dos mortos e das forças subterrâneas rapta a filha de Deméter, levando-a para o Inferno. O bosque estava silencioso e vazio, mas duas divindades viram tudo: a deusa

Hécate, do interior de sua gruta, que liga o mundo dos mortos ao dos vivos; e o deus do sol, Hélios.

O rapto de Core aconteceu no outono, época em que os trabalhos dos mortais para cultivar a terra diminuem, o que por si só já era razão para que Core retornasse mais cedo para casa. Seu costume era voltar ao pôr do sol. Sempre que Hélios deixava o céu, Core voltava para os braços de sua mãe. Por isso, quando as primeiras estrelas cintilaram e não havia mais rastro de sol, Deméter caiu em desespero. Ela procurou Zeus para pedir ajuda. Em pouco tempo, descobriram que Core estava no Inferno. De início, Zeus traz à luz uma leitura patriarcal e patrilinear do rapto: "Deméter, nossa filha está com nosso irmão. De maneira que não é mau tornar-se mulher com tão bom pretendente. Ela deixa de depender de ti e encontra seu próprio caminho na proteção de um casamento".[6]

Deméter, porém, não aceita isso de jeito nenhum e não se contém: derrama-se em lágrimas dias e noites seguidos. Zeus retorna e reafirma que o casamento de Core não é prejuízo algum para a deusa. O choro copioso e estridente de Deméter soa como pesadelo para mortais e divindades, porque a tristeza da deusa diminui seus poderes de cuidar do solo e da agricultura e impacta toda a vida na terra.

Foi aí que Zeus pediu que Hermes comunicasse a Hades que deveria libertar Core. A única condição para o retorno de Core à terra era esta: ela nada pode comer no Inferno. Era essa a lei de Hades; quando um ser entrava em sua morada, nada poderia comer se quisesse sair de lá um dia. Ciente das leis, Hades obriga Core a comer uma romã, o fruto da fertilidade e também o símbolo da morte, além de metáfora para a relação sexual. No contexto histórico-social do mito grego, o encontro amoroso carnal de um homem com uma mulher sem nenhuma experiência sexual determina: o homem deve cuidados a essa mulher, "assumindo-a", informando publicamente o seu vínculo com ela.

---

6. Versão livre, inspirada em estudos de mitologia grega.

Pois bem, ao comer a romã, isto é, ao consumar o ato sexual por vontade própria com Hades, a filha de Deméter renasce como mulher, deixando para trás a condição de "virgem". Então, a ligação entre Hades e Core se torna permanente. Depois de comer o fruto, Core deixa de ser a deusa virgem e se transforma em Perséfone, a mulher que "mergulhou" no Inferno, isto é, no inconsciente, em seus sentimentos mais profundos.

O rapto e o Inferno nos remetem a diversos sentidos. Em primeiro lugar, o rapto remete também aos registros históricos greco-romanos de rituais de casamento em que os noivos simulavam sequestrar as noivas. O evento era uma encenação em que a noiva devia urrar de modo gutural. A ideia era simular o desespero diante da morte, porque o casamento para a mulher significava romper com a família, principalmente com a mãe, e com sua imaturidade. Por sua vez, o Inferno era o subterrâneo, a terra dos mortos, que simbolicamente remete à possibilidade de renascimento.

O que significa o novo nome? A mudança de nome é o sinal exterior de alteração interna. Depois de experimentar um encontro consigo, que começa quando recolhe uma flor de Narciso e culmina em comer um caroço de romã, Perséfone está reconhecendo a si mesma como mulher. Em outras palavras, ao buscar a flor de Narciso, a então Core estava querendo encontrar a si mesma. Core é uma imagem da busca que as mulheres fazem para encontrarem a si mesmas, o momento de transição. As cem pétalas representam, simbolicamente, cem decisões que uma pessoa deve tomar durante sua vida. O inferno é um símbolo do inconsciente humano, local em que moram sonhos e pesadelos. Por isso, o solo se abre e Hades surge com sua carruagem, dando início à jornada que termina com Perséfone sendo coroada como a rainha do inferno.

Outra maneira de ler a mudança de nome está na análise do contexto das sociedades de pátrio poder, em que o patrimônio remete ao masculino, ao pai, enquanto o matrimônio é da ordem do feminino, da mãe. Nas sociedades patriarcais e patrilineares mais rígidas, isso sempre significou que a mulher assumia o nome/sobrenome da família paterna do marido. A descida ao mundo dos mortos é um estágio de mudança. Ao comer a semente de romã, Perséfone assume um novo papel e aproxima-se de Hécate, a deusa de três faces: menina, mulher e velha. Ou, ainda, com três corpos: o mundo do Olimpo, da Terra e do Inferno. A partir do contato com Hécate, Perséfone aprende mais sobre as forças infernais, o próprio inconsciente, isto é, sua energia psíquica e os próprios desejos.

* * *

Aqui vale a pena abrir espaço para falar de Hécate e por que Perséfone aprendeu com ela algo importante para sua transformação "pessoal". Hécate é filha de Astéria, a Noite, e de Perses, deus da luxúria e da destruição. Por vezes chamada de "filha de Perses": Perseia. A origem titânica de Hécate quer dizer alguma coisa. Tanto sua mãe, a titânide Astéria, quanto seu pai, o titã Perses, têm algo que foi herdado pela divina Hécate: o poder de transformar-se em animais, em verdadeiras feras ou bestas. Os três rostos de Hécate podem ser entendidos como fases que coexistem, um mergulho em suas possibilidades lunares.[7] Mas cada face de Hécate simboliza algo, como já foi dito. Ora, Hécate ensina isto a Perséfone: para se tornar mulher, é preciso ser o Céu, a Terra e o Inferno. Em outros termos, Céu/Olimpo: inteligência e pensamento; Terra: fêmea de carne e desejos confessos; e Inferno/Submundo: suor, sangue, desejos e vontades inconfessáveis, desconhecidos muitas vezes por ela mesma. Só desse modo Perséfone pode se tornar uma "mulher de verdade", deixando de ser menina.

* * *

De volta ao percurso de Perséfone, Zeus fez um acordo com Hades e Deméter, depois de saber que a antiga Core comera a

---

[7]. Hécate é chamada de deusa tríplice lunar. Vale notar que na Grécia antiga atribuíam-se três fases à lua: cheia, nova e parcial (crescente ou minguante).

semente da romã. Em vez de ela retornar definitivamente para a companhia materna, eles estabelecem em conjunto que a deusa ficaria metade do tempo na Terra e a outra no Inferno. Nas estações do outono e do inverno, Perséfone ficaria em companhia de Hades. No entanto, durante a primavera e o verão, estaria ao lado da mãe. Perséfone ilumina o lugar por onde passa. Por isso, o inverno é frio e, no outono, as folhas caem. A sua ausência deixa a Terra desafortunada da beleza, do calor e do nascimento das flores. Na falta de Perséfone, em vez de florescerem, as árvores despem-se de suas folhas. Nessa época, a mulher que mergulha em si mesma submerge para estar consigo.

O Inferno é a face oculta de Perséfone, que, sem passar por essa dimensão, não estaria consciente de seus desejos. Daí se infere que só é possível que uma mulher floresça com a doçura da primavera e o vigor do verão após mergulhar no outono e no inverno de si mesma, banhados sempre por seus infernos mais inconfessáveis.

DEMÉTER E ELEMENTOS PARA UMA POLÍTICA FEMINISTA

O que podemos dizer sobre Deméter? A mãe de Perséfone seria somente uma mulher possessiva que não quer ficar longe da filha ou essa deusa esconde outros segredos? Pois bem, a pensadora indiana Vandana Shiva diz que o ecofeminismo[8] é um nome novo para algo muito antigo. Nossa interpretação é de que a divindade grega Deméter é um exemplo dessa possibilidade.

---

8. A expressão "ecofeminismo" foi originalmente cunhada em 1974 pela feminista francesa Françoise d'Eaubonne. Em linhas gerais, a teoria busca o fim de todas as formas de opressão, estabelecendo ligações entre discriminação por etnia, gênero, classe social e dominação da natureza. Françoise d'Eaubonne utiliza pela primeira vez o termo ecofeminismo em seu livro *O feminismo ou a morte* para referir-se à capacidade da mulher para impulsionar uma revolução ecológica que desenvolva uma nova estrutura relacional de gênero, revertendo as assimetrias entre mulher e homem.

Deméter pode ser interpretada como um símbolo do desejo de conservação: por um lado, parece a mãe possessiva, um exemplo daquela que não quer ver a cria amadurecer; por outro, e este é o ângulo que nos interessa aqui, remete a um projeto político que só poderia ser encabeçado por uma mulher, um projeto ecofeminista.

Em vez de explorar e desenvolver a terra, Deméter proporia um modo "feminino" de intervenção. A deusa é a patrona da agricultura e também de uma resistência valente contra a pilhagem das terras férteis, uma defensora do direito aos ciclos naturais em oposição aos fluxos artificiais. Deméter é o arquétipo feminino da resistência ao *status quo* masculino, a mulher que propõe uma sociedade mais saudável.

O adversário de Deméter impõe um exercício de exploração da terra em nome do desenvolvimento — atitude masculina típica do arquétipo do conquistador. Deméter usa seus utensílios de plantio e colheita contra essa maneira de desonrar a terra. Ela tem a paciência necessária da mulher que reconhece que entre plantar e colher existe um tempo de "gestação", existem desafios do clima, do solo e dos elementos que zelam pelas sementes que se desenvolvem. A compreensão de Deméter é mais complexa que a de seus rivais, homens que acreditam ser possível "tomar" da terra o que querem sem que o percurso da própria natureza seja respeitado. Deméter nos remete à "obediência" dos ciclos naturais: não adianta querer antecipar a colheita porque, se o fruto não estiver maduro, nada será aproveitado.

Se os homens são afeitos ao desenvolvimento, à conquista, Deméter é o mito que encarna a perspectiva da mulher para cuidar da terra de modo distinto do masculino, reconhecendo-a como um fim, em vez de um meio para obter algo como riqueza, *status* ou poder. Deméter nos diz isso de algumas maneiras. Ela é a divindade da agricultura, ela ensinou os homens a plantar, colher, entender os momentos da terra e cultivar as plantações de uma maneira adequada e que produzisse frutos.

O cultivo da terra proposto por Deméter é uma troca, um exercício que somente ganha uma nomenclatura específica no século XXI. O conceito de ecofeminismo traça um paralelo entre a dominação do meio ambiente e os exercícios de controle da mulher. Deméter simboliza a mulher serena que ensina pacientemente a esperar a terra ser fecundada pelas sementes, gestá-las e parir os alimentos. Ainda que a palavra "ecofeminismo" esteja adiante do seu tempo, o mito justamente ultrapassa a temporalidade e a cultura local. Por isso, Deméter reúne as qualidades daquilo que na atualidade consagrou-se como ecofeminismo. As mulheres reconheceriam melhor do que os homens a fraqueza da condição humana e teriam — assim como engravidam e não se apressam a parir — a paciência das gestantes. Podemos mesmo especular que isso é um elemento cultural: efeito do modo como as mulheres são socializadas na maioria das comunidades.

Deméter enfatiza um princípio controverso e que precisa de muito cuidado para não soar como um equívoco. A maternidade estaria ligada ao cultivo, à terra; já a masculinidade, não. A paternidade permitiria o deslocamento. É perigoso, mas aqui cabe afirmar que o feminino seria "forte" por natureza, visto que o vínculo das mulheres com a terra, com a natureza animal, estaria em elementos como a menstruação e a gestação interna.

Para não voltar à velha dicotomia de relacionar a mulher à natureza e o homem à cultura, é preciso registrar que o patriarcado era dominante na Grécia antiga, contexto histórico de emergência dos mitos aqui apresentados, incluindo o de Deméter. As mulheres eram entendidas como quem estaria mais próximo da natureza, o que era visto como inferior. Deméter está exprimindo que é justamente a condição feminina de proximidade com a natureza que torna as mulheres mais capazes de romper com a dominação humana do meio ambiente.

No mito em que Deméter busca a filha raptada por Hades, existe um aspecto que vale ser retomado. A deusa da agricultura tem tanta proximidade com a sua cria que não se desvincula dela, nem desampara o que "cultivou". Ou seja, tudo que o arquétipo feminino de Deméter "produz" não pode ser tomado como um objeto descartável e de fácil substituição. Nada que fazemos pode ser abandonado, assim Deméter ensina ao mundo: somos responsáveis pelo que cultivamos.

Existiria uma dimensão na natureza feminina que convocaria as mulheres para essa batalha contra a exploração da terra e das pessoas. A patrona desse movimento na tradição mítica grega é Deméter, que, embora não seja a única, impressiona por sua capacidade de resistir, nunca se render, mas persistir diariamente na observância dos movimentos da natureza, a qual passa por ela mesma. Em outras palavras, as pessoas mais fantásticas na capacidade de modificar situações graves e desagradáveis começam cultivando o solo mais óbvio: elas mesmas. Talvez seja este o ensinamento mais precioso de Deméter: cultiva-se a terra ao mesmo tempo que se promove uma "agricultura" de si mesma.

A MÃE DE NARCISO E O MITO DA MATERNIDADE

A maternidade e a ligação entre mãe e cria são elementos presentes, ainda que secundários, nos mitos de Perséfone e Deméter, mas as duas não são a única representação da vida familiar na mitologia grega.

O mito de Narciso é bastante conhecido. O nome da personagem passou a integrar formalmente o campo da psicanálise. O conceito de "narcisismo" foi desenvolvido pelo pai da psicanálise Sigmund Freud. Em *Sobre o narcisismo: uma introdução*, livro publicado em 1914, em linhas gerais, o médico esclarece que o chamado investimento libidinal pode se direcionar para o próprio ego ou para outros objetos. O narcisismo diz respeito à ação de uma pessoa lançar seu "desejo" sobre si mesma. Freud ainda fala de narcisismos primário e secundário. No senso comum, não é raro que o conceito de narcisismo assuma caráter negativo; uma pessoa narcisista pode até ser vista como alguém que não consegue enxergar outras pessoas além de si.

Narciso se transformou num astro dentro da mitologia grega, tanto que parece ter ofuscado a genitora. Liríope é bem menos conhecida que o filho.

Pois bem, aqui vamos tratar de um mito que está ligado ao de Narciso, mas como coadjuvante da história de sua mãe. O objetivo de estudar esse mito é analisar a maternidade e o modo como a mulher se relaciona com o desejo de ser mãe. As perguntas que atravessam o mito podem ser descritas de várias maneiras: o instinto materno é natural? A maternidade é uma construção?

A primeira resposta possível: o sentimento de maternidade deriva de um tipo de instinto, uma natureza feminina, algo que já nasceria com as mulheres. A segunda resposta vai no sentido oposto: o instinto materno é uma construção histórica e social. Por razões diversas, e enfrentando contradições, muitas mulheres se sentem impelidas a tornarem-se mães, com ou sem convicção dessa escolha. O mito de Liríope é um exemplo desse conflito — uma narrativa que procura retratar sentimentos femininos de vários tipos diante do ônus da maternidade.

A bela Liríope era conhecida como a ninfa de voz suave, ou a voz do lírio. Céfiso, deus-rio, admirava sua beleza e, sobretudo, sua voz. Por isso, tomado de paixão pelo som delicado que saía de sua garganta, arquitetou uma trama para desposá-la. De sua parte, Liríope não desejava ser desposada, preferia viver só e cantar sem rumo, por todos os lugares. Mas Céfiso era um artífice engenhoso e senhor do curso ininterrupto das águas. Ele vivia a percorrer cidades diferentes — um rio nunca se contenta em jorrar apenas na nascente. O comportamento de Céfiso com seres femininos, fossem ninfas, mortais, semideusas ou deusas, jamais se modificava. Ele nunca prometia fidelidade, não importava o quanto elas se esforçassem. O rio permanecia a percorrer, num curso ininterrupto.

O deus-rio sempre foi galante e tinha ascendência sobre as ninfas. Mas achava Liríope especialmente linda, altiva e independente. O primeiro encontro foi de comum acordo. A ninfa, porém, não pretendia nada além de um "namoro". Muito menos o deus-rio Céfiso, que gostava de conquistas. Liríope o admirava, mas nunca desfrutou com ele de algo mais que noites ou dias de luxúria. Ela pretendia ser uma ninfa independente por toda a eternidade, desejava muito mais a mesma liberdade do deus-rio que ele próprio. O que a encantava era poder percorrer terras distantes e regar margens opostas com línguas e costumes diferentes.

Na história da mãe do célebre Narciso se diz sem pudor que ela nunca amou verdadeiramente o deus-rio Céfiso; ela amava o que ele representava, estar com ele significava se aproximar mais dessa leve sensação de liberdade. A aventura sexual do casal deixou a ninfa grávida; ela não teve escolha e foi desposada pelo caudaloso rio. Afinal, Céfiso seguia uma ordem divina que estava em sua genealogia: casar-se com todas as mortais, deusas e seres que carregassem seu fruto no ventre. Daí Liríope não pôde *escolher* tornar-se mãe sem se casar com o deus-rio.

A gestação que se seguiu foi sofrida, indesejada, mesmo que Liríope e Céfiso tenham decidido continuar com a gravidez. Para uma ninfa com sede de liberdade como Liríope, tornar-se mãe parecia uma prisão sem muros. A ninfa sabia que perderia sua liberdade, seu sono, seus sonhos, e ficaria com a responsabilidade de cuidar da criança. Apesar de não querer a maternidade e ter uma gravidez penosa e angustiante, o parto foi motivo de júbilo. Todo o Olimpo encantou-se pela criança, e a mãe foi tomada de paixão porque a beleza resplandecente de Narciso envolveu todos os seres. O pai ficou orgulhoso e animou-se, mas depois da comemoração a paternidade caiu no esquecimento. A ninfa viu-se obrigada a assumir o papel de mãe. Afinal, as imposições sociais são quase inescapáveis. Ser mãe é como apresentar um amor incondicional e dedicação total, um tipo de exigência sobre-humana para as mulheres. A mulher-mãe deve abdicar de parte de sua humanidade em favor de uma capacidade de cuidado sem par, abdicar do amor-

-próprio em função da cria. Em contrapartida, o homem-pai pode seguir a vida como um rio.

Diante da maternidade e da paternidade iminentes, a sociedade responsabiliza a mulher em demasia e exige pouco do homem. O mito nos mostra que Céfiso, como de costume, não foi cobrado socialmente como Liríope. Afinal, por ser um rio, ele tinha como função continuar correndo, abastecendo outras regiões. O deus-rio, assim como os homens, estaria desobrigado de gastar seu tempo em cuidados paternais, seja porque sua função/natureza era correr entre margens ou, ainda, porque se ele parasse a vida dos rios cessaria.

Em outras palavras, as mulheres sempre são mais "penalizadas" pela maternidade do que os homens pela paternidade. O mito pretende alertar para esse tema recorrente nos debates feministas no século xx e ainda hoje. Enquanto os homens não precisam se dedicar com a mesma intensidade à criação de filhas e filhos, as mulheres serão julgadas negativamente caso recusem a maternidade. A negação do "instinto materno" é tomada como um pecado mortal. No contexto do patriarcado, as mulheres não têm direito a recusar o "dever" da maternidade. Liríope experimenta essa desconfortável situação.

Note-se que, mesmo com toda a pressão social e o enaltecimento da maternidade, nem sempre a descoberta de uma gravidez é bem-aceita por uma mãe. No mito, a jovem ninfa viveu momentos de pavor, desespero, dúvida, choro, negação, rejeição, raiva e pensamentos relacionados ao aborto. Com isso, experimentou o arrependimento de não ter tomado as precauções para evitar a gravidez e sentiu que estava traindo os princípios das ninfas.

Na cultura grega antiga, as ninfas eram divindades mortais associadas a prados, rios, cachoeiras, florestas e montanhas. Elas viveriam eternamente jovens e para "sempre", desde que seus hábitos fossem conservados. Por isso, desviar a atenção com atividades que não fossem a preservação e conservação de rios, prados, cachoeiras, florestas e montanhas poderia ser uma espécie de suicídio. Existiam especificamente as seguintes categorias: Nereidas, Oceânides, Creneias, Náiades, Pegeias, Hamadríades, Dríades, Napeias e as Oréades. As ninfas marinas são as Nereidas e Oceânides. Os lagos pertencem a Pegeias; Creneias são as senhoras das fontes, os rios são das Náiades. As árvores são de Hamadríades e Dríades. Napeias habitam vales e selvas. Por fim, Oréades vivem nas montanhas. Liríope era uma náiade e, por isso, não poderia recusar o deus-rio. Pelo contrário, por ser uma divindade menor, seu papel era servir Céfiso. Existia na mitologia grega uma hierarquia profunda e praticamente intransponível em que cada divindade olímpica era servida por outra hierarquicamente abaixo dela, e assim por diante.

A primeira reação de Liríope simboliza a angústia de muitas mulheres diante da notícia da maternidade. Apesar de, em certa medida, algo lhes dizer que a condição de mulher só estará completa com a maternidade, essa ambivalência é natural. No entanto, ela coloca em xeque o suposto instinto materno, a ideia de que, necessariamente, uma mulher *precisa* ser mãe. Por conta dessa noção pré-estabelecida, a recusa à maternidade significaria a recusa da condição feminina.

Esse tabu em relação às mulheres que não querem ter filhos está baseado no chauvinismo patriarcal, sexista e até misógino. Ou seja, as mulheres serviriam primordialmente para os papéis de esposa e mãe.

Como o mito de Liríope nos ajuda a pensar sobre isso? Ela indica que toda mulher será marcada e punida de antemão se negar sua "natureza": a maternidade. A ninfa enfrenta uma séria questão: como ser *mulher* sendo *mãe*? Ou ainda pior: como ser *mulher* sem ser *mãe*?

Liríope é atingida por essa aflição, vivida por mulheres na antiguidade e na atualidade. Talvez porque a sociedade patriarcal revitalize a mulher como o gênero que representa a natureza (o que significa que o homem é o símbolo da cultura). A natureza estaria obrigada a exercer seu papel. No caso de Liríope e das mulheres em geral: ser mãe. Porém, os homens teriam o direito de escolher ou recusar a paternidade.

A surpresa da ninfa é a satisfação em parir: as dores surpreendem porque trazem uma beleza rara em todos os sentidos, a beleza de tornar-se mãe num acontecimento ao mesmo tempo sofrido e prazeroso. E, ainda por cima, o bebê é muito belo e encanta todos os seres que lhe põem os olhos. Como diz a historiadora e psicoterapeuta britânica Rozsika Parker em seu livro A mãe dividida: a experiência da ambivalência na maternidade (1997), a ambivalência é a admissão da coexistência de dois sentimentos na mãe: amor e ódio.

Com efeito, duas possibilidades estão dadas pelo sentimento ambivalente de Liríope. Para ela, o amor materno é uma construção social que foi naturalizada. Diante desse quadro paradoxal, Liríope teme pela vida do filho, Narciso, e resolve consultar um oráculo. Um misto de amor e repulsa leva a ninfa ao recanto de Tirésias, o velho cego capaz de enxergar o futuro sem nunca poder ver o presente.

— Ó, sábio oráculo Tirésias, eu temo pela vida de meu filho Narciso. Meu sentimento tem alguma possibilidade de tornar-se realidade? — questionou Liríope.

— Ninfa jovem e bela, Narciso poderia viver muito, se não visse a si mesmo — respondeu Tirésias.[9]

A par da profecia, Liríope decide estreitar profundamente a relação com Narciso. O medo de perder o filho fez com que a ninfa redobrasse os cuidados. Afinal, o futuro previsto por Tirésias era algo bem simples: Liríope devia investir todo o seu desejo nos cuidados com Narciso e não permitir que ele se olhasse no espelho. Com isso, Narciso se torna alvo de superproteção e fica inabilitado para estabelecer relações afetivas que não sejam com sua mãe ou consigo mesmo.

Porém, Narciso cresceu transformando-se em um belo jovem que encantava principalmente ninfas e mulheres da Hélade — mundo grego. Muitas gregas suspiravam pelo rapaz. Mas ele fora criado dentro de uma relação libidinal estreitíssima

---

9. Versão livre baseada em diferentes fontes.

com a mãe, mantendo-se imóvel, frio e desinteressado diante de qualquer investida. A beleza descomunal de Narciso atraía seres de todos os tipos, divinos e mortais. Porém, nenhuma donzela, mortal ou ninfa, parecia digna de seu amor. Narciso preferia viver só. O destino quis que ele encontrasse Eco, a bela ninfa que fazia companhia à deusa Deméter. Narciso a encontrou depois que ela foi alvo dos poderes de Hera. Certa vez, a grande deusa foi procurar Zeus num bosque de ninfas, desconfiada de que seu marido estava tendo furtivos encontros por lá. A suspeita era verdadeira, mas, para despistar a incerta Hera, Eco ficou encarregada de distraí-la com conversa, anedotas e causos. Hera percebeu e, usando seus poderes divinos, retirou sua capacidade de falar, reduzindo a ninfa à condição de repetir o que ouvisse.

Esta é a parte mais conhecida do mito de Narciso: tudo começa com um passeio do jovem no bosque, após receber mais um alerta de sua mãe, Liríope. A recomendação materna era a de sempre: cuidado, não se afaste de casa. Eco também estava passeando e, ao topar com Narciso, apaixonou-se. Mas, ao tentar lhe dizer belas palavras, permaneceu muda. Até que Narciso lhe perguntou o que desejava. Eco repetiu a interrogação sem sua própria voz, imitando o rapaz em todos os detalhes.

Chateado, Narciso se afastou em direção a um lago em que, ao olhar para a água, se apaixona por sua própria imagem refletida ali.

O que a atitude de Narciso tem a ver com a mãe? Muita coisa. Liríope é a mãe que procura afastar o filho dos perigos, protegê-lo de todas as ameaças. Ao impedir Narciso de encontrar seus próprios desafios, fez com que o jovem ficasse desinteressado pelo mundo exterior.

A maternidade aparece neste mito como um desafio. Os sentimentos ambivalentes estariam longe de ser uma distorção da natureza, sendo inerentes às condições em que as exigências sociais estão postas. O patriarcado pode ser entendido como um conjunto de discursos normativos. Esses discursos incluem basicamente os seguintes elementos: a família como um dado da natureza; o papel central do homem adulto na família; a submissão das mulheres e das crianças. As atividades masculinas são vistas como hierarquicamente superiores. Na estrutura familiar patriarcal cabe aos homens a garantia da vida material e, às mulheres, a reprodução biológica. Com efeito, a mulher pode assumir três papéis fundamentais: filha, esposa e mãe. O caráter impositivo dessa "natureza materna" é uma ação violenta endereçada contra o sexo feminino.

O que está em jogo no mito de Liríope? A necessidade de incorporar uma produção cultural — a maternidade — como se fosse uma natureza — ser mãe — traz inúmeros problemas para a ninfa. Um deles pode ser formulado da seguinte maneira: qual a diferença entre ser mãe e a maternidade?

O desafio da ninfa é um convite para refletir a respeito dessa "confusão" ou ideologia da identificação entre parir — tornar-se mãe — e assumir as "funções" maternas. O livro de Thassia Souza Emidio *Diálogos entre feminilidade e maternidade: um estudo sob o olhar da mitologia e da psicanálise* (2011) contribui bastante para nossas especulações. As questões formuladas por Thassia Emidio estão presentes no mito de Liríope. "O que são o feminino e a maternidade? É possível ser mulher sem ser mãe? Como se deu toda essa construção? E como se configuram a feminilidade e a maternidade no mundo contemporâneo?"

Liríope é o mito da maternidade; mas, não sem problematizações internas que colocam em xeque a própria naturalização da condição materna. Liríope assume a contradição que há entre seus desejos, suas intenções e as expectativas sociais. Tornar-se mãe implica perder sua individualidade. Quando uma mulher se torna mãe, as exigências da maternidade solicitam que ela deve concentrar sua atenção exclusivamente no bebê. Caso ela se descuide e faça algo para si mesma — seja estudar, ler um livro, assistir a um filme ou algo que não diga respeito à função materna, exclusivamente —, a criança pode fazer alguma peraltice e se machucar.

O problema é como conciliar a vida pessoal e individual com o relacionamento com a criança. Liríope, apesar das contradições que se revelam no início da gestação, acaba por assumir a maternidade como papel preponderante e, de acordo com o mito, sufoca o filho. Narciso não consegue amadurecer porque não rompe nem diferencia o amor materno de outras formas de amar e desejar. E acaba por viver somente na condição de filho.

* * *

Os mitos gregos revelam muitas coisas acerca das relações entre mulheres e homens. As histórias das deusas lançam luz sobre áreas obscuras, chamando atenção para o fato de que as maneiras como interpretamos o amor, a beleza e outros assuntos estão dentro de um contexto patriarcal. Por patriarcado se deve entender um sistema em que os homens adultos são protagonistas políticos e carreiam autoridade moral, privilégios sociais e assumem o comando da família no papel de "chefe da casa", situando as mulheres como "donas de casa". Ora, os mitos gregos são construções simbólicas que retratam esse quadro de diversas maneiras e em diversos pontos, desde a obsessão feminina pela beleza até a criminalização social que o sistema patriarcal lança sobre mulheres autônomas e independentes, associando-as a estigmas sexistas.

ALGUNS MITOS IORUBÁS

Pertencente a uma das centenas de etnias do continente africano, o povo iorubá habita a Nigéria, o Togo, Gana e Benim, entre outros países. O registro de sua trajetória no berço meridional da humanidade vem de longe. Com a diáspora forçada pela escravidão, centenas de milhares de iorubás desembarcaram no Brasil, influenciando fortemente os costumes e as tradições do país.

Um aspecto importante da cultura iorubá está naquilo que a antropologia define como matrifocal. Na etnia, a articulação da família é protagonizada pela mulher, e não pelo homem, ao contrário das sociedades patriarcais. Além do pai e da mãe,

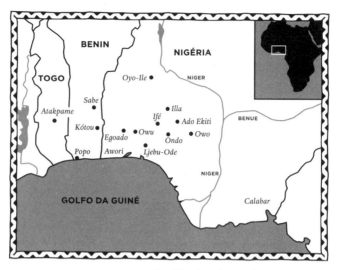

Região de origem do povo iorubá

em um núcleo familiar iorubá tradicional, avós, avôs, tias, tios, primas e primos participam efetivamente. E é a mulher mais velha da família que toma as decisões e define a dinâmica doméstica, o que pode, à primeira vista, parecer estranho. Contudo, a linhagem é demarcada pelos homens, por meio da figura paterna, assim como o poder político e o uso da força são de ordem masculina, cabendo ao homem a gestão no âmbito público e o papel de guerreiro. Mas, em casa, é explícita a valorização da mulher e cabe à mais velha todo o controle e a gestão familiar.

ORIXÁS: DEUSAS E DEUSES

Segundo a mitologia iorubá, antes de nascer o tempo, no início de tudo, Orun e Mar formavam o universo. Orun representa a terra divina (feita de ar); é o reino de Olorun, deus supremo, chamado também de Olodumare e de Olofin, dono do destino e do mundo sem fim. Já o Mar (feito de água) é o reino da deusa Olokun. Em outras palavras, antes de existir o próprio tempo, só existiam um céu infinito chamado Orun e uma porção ilimitada de águas, sem início e sem fim, chamada de Mar. Um deus supremo vivia no Orun e uma deusa suprema vivia no Mar.

Do encontro entre o deus Olorun e a deusa Olokun nasceram Obatalá e Oduduá. Em seguida, foram gestados todos os outros orixás. Exu foi o último a nascer. Orixás são as forças da natureza, potências vivas e divinas que simbolizam a tempestade, a cachoeira, o trovão, o entardecer, o amanhecer, a lua, o sol, a mata, a floresta e todos os inúmeros fenômenos do meio ambiente. Os orixás também simbolizam atributos humanos: a maternidade, a paternidade, a vaidade, a capacidade de fazer guerra, a habilidade de firmar e manter a paz, o desejo de amar, o ciúme, a perspicácia, a inteligência, a inveja, a malícia, a astúcia e a sabedoria, entre outros.

O povo iorubá classifica os quatrocentos orixás gerados por Olorun e Olokun em dois grupos: duzentos irunmoles (divindades geradoras) e duzentos igbamoles (divindades gestadas). Os irunmoles são as denominadas divindades geradoras, que surgiram primeiro, e representam a geração inicial de orixás, filhas e filhos de Olorun e Olokun. As divindades gestadas são as da segunda geração, nascidas do encontro entre Obatalá e Oduduá, suas irmãs e seus irmãos.

Na história oral, existem várias versões sobre essa quantidade de orixás. De acordo com a primeira versão, aqui utilizada, nasceram quatrocentos orixás — os irunmoles, do lado direito, liderado por Obatalá, e os igbamoles, do lado esquerdo, liderado por Oduduá. Em outra, o total é de seiscentos orixás, sendo quatrocentos irunmoles e duzentos igbamoles. Há ainda outra versão sobre seiscentos orixás: trezentos de cada lado. Em uma quarta versão, são oitocentos: uma metade de divindades geradoras e a outra de divindades gestadas.

A mitologia iorubá diz que foi nesse início dos tempos, em que não existiam humanos nem bichos, que o deus supremo, ou ainda, o deus único, preparou as pistas para a criação do nosso mundo. Segundo a etnia, Olorun é o único ser dotado de "alabalaxé" — expressão aportuguesada que é uma aglutinação das palavras iorubás *alá*, *iwa* ("iuá"), *abá* e *axé*. Alá significa "ser", no sentido de possuir efetivamente alguma coisa, o que por vezes é traduzido como "senhor" e "senhora". "Iuá", termo aportuguesado, significa "poder de existir", o que dá início à vida. *Abá* indica o "poder essencial", a essência ou natureza que define o propósito de algo, o sentido da realização. Já *axé* remete à ideia de "poder realizar", e seu significado aproxima-se das noções de força vital, potência vital e energia (de criação e manutenção da vida). É aquilo que coloca a vida em movimento.

Assim, alabalaxé é a definição da propriedade exclusiva de Olorun: o poder supremo de criar a vida, definir seu propósito e realizá-lo. Por isso, Olorun é onisciente, onipresente e onipotente; porque conhece o sentido de tudo o que existe e os caminhos para a realização do propósito da existência: manifestar a essência da vida. Em outras palavras, a divindade suprema do povo iorubá coloca uma questão-chave para os humanos: a realização da vida só é possível por meio do conhecimento verdadeiro da natureza das coisas.

A jornada em busca do conhecimento iniciou-se com a primeira missão dos orixás: criar o mundo. O anúncio da tarefa foi feito em uma reunião com todos os orixás. Olorun explicou que três missões estavam por vir. Mas, de início, só revelaria a primeira: a criação do mundo, uma terra parecida com o Orun, mas com a energia dos três poderes — existir (*iuá*), ser (*abá*) e realizar (*axé*) — diminuída. Olorun chamou o filho Obatalá para liderar essa tarefa, com uma explícita recomendação: "Não resolva a sua sede com nenhuma bebida fermentada durante o caminho". Adiante voltaremos a este ponto.

Ao fim da reunião, Odeduá, filha de Olorun, perguntou ao pai qual seria o papel dela na criação do mundo. Olorun respondeu que ela nada devia temer porque seu papel já estava reservado e ela devia seguir o irmão, conferindo suas ações e apoiando Obatalá em tudo o que fosse preciso. Odeduá aceitou essa "submissão". Mas foi até Olokun, na profundeza das águas, e ouviu de sua mãe: "Minha filha, o mundo será *sua* criação, não esqueça que a paciência de esperar evita susto e surpresa". A mensagem da divindade que não se permite conhecer, por habitar as profundezas das águas mais fundas, deixou Odeduá confusa. O que lhe caberia?

Já Obatalá, para cumprir sua tarefa, deveria ouvir os conselhos de Orunmilá, o mais sábio dos orixás e dono dos mapas. Divindade do dia, solar e luminoso, simbolizando o sol, Obatalá era, porém, no início dos tempos, orgulhoso de seu brilho, apesar de viver três fases: o amanhecer, o brilhar e o entardecer. Assim, tomado de orgulho — preferia viver brilhando, o que ofuscava o seu pensamento —, esqueceu as recomendações de seu pai: "Antes de qualquer jornada, consulte os mapas dos caminhos".

Levado pelo próprio brilho e sem a maturidade do entardecer, o senhor sol imediatamente começou a jornada. Obatalá reuniu sua tropa e seguiu à frente. Em fileira, atrás dele, estavam Oduduá, Ogum, Iemanjá, Oxóssi, Oxum, Otim, Oiá, Aganju, Oluorogbo, Olufan, Eteko, Oguiyan, Olofin, Ejiogbe, Ossãe, Aroni, Xapanã, Orô, Oquê, Ajalá, Oraniã, Onilé, Ajê Xalugã, as Iami (várias orixás femininas), Iku e Exu.

Sem descanso e distante da atmosfera reparadora do Orun, os orixás e as orixás começaram a experimentar a fadiga. Obatalá ainda resistia, mas muitas divindades orixás ficaram para trás. Oduduá permanecia fiel ao irmão e continuava firme na caminhada. Mas eis que o cansaço visitou mesmo quem mais resistia no grupo e tomou Obatalá também. Então, Exu foi até a dianteira da tropa e ofereceu seiva de palma para Obatalá. Cansado e com sede, ele aceitou a bebida e dormiu.

Exu é a divindade responsável pela realização das missões. Seu nome quer dizer "esfera". A melhor maneira de entender sua identidade é com um verso que explica sua natureza: "Exu matou um pássaro ontem com a pedra que arremessou hoje". Ou seja, Exu é aquele que, através do presente, interfere no passado, na capacidade de criar novos caminhos, surpreendendo tudo e todos os seres com um curso desconhecido.

A artimanha de Exu tirou Obatalá da missão. Diante do sono prolongado de Obatalá, Exu foi até o pai, Olorun, comunicar o que estava acontecendo. Olorun mandou chamar sua filha Oduduá e confiou-lhe a missão. A deusa da terra, diferentemente de Obatalá, não brilhava de orgulho e foi consultar

Orunmilá antes de prosseguir. O senhor dos segredos e caminhos explicou como ela deveria fazer para triunfar na jornada.

Orunmilá disse: "De início, à frente da tropa de orixás, só o guerreiro Ogum pode abrir os caminhos. A cabaça da existência é o lugar em que ficam guardados os quatro elementos: ar, água, terra e fogo. Eles são fundamentais para criar o mundo. Mas você precisará de ajuda para usá-los. Para o ar, convoque Oiá, senhora dos ventos. Para a água, convoque Iemanjá, senhora das águas salgadas, e Oxum, senhora das águas doces. Para a terra, convoque Xapanã, o senhor da terra, do solo. E, para o elemento fogo, caberá chamar Aganju".

Odudua seguiu à risca as instruções de Orunmilá e com muito cuidado guardou a sacola da existência (*apo iwa*) dada pelo pai a seu irmão. No limite do Orun, ela desceu e retirou quatro recipientes pequenos da cabaça da existência. A primeira cabaça guardava um pó branco; a segunda, um pó azul; a terceira, um pó preto. Na última, havia um pó vermelho. Odudua começou soprando o pó branco, do qual, ao ir se espalhando, surgiu uma pomba branca. A ave foi espargindo o restante do pó com suas asas e, após uma suave brisa, chegou à ventania. As trevas foram assumindo um tom azulado e o céu surgiu através do elemento ar. Odudua virou-se e chamou Oiá, que começou a fazer a atmosfera.

Em seguida, Odudua derramou o pó azul da segunda cabaça. Depois de soprá-lo, um caramujo tomou forma, e dele começou a jorrar água incessantemente em grande volume. Odudua chamou Iemanjá e Oxum. As duas orixás assumiram os caminhos das águas, fazendo oceanos, rios, lagos, lagoas e cachoeiras.

Após as águas estarem dispostas em suas mais diversas formas, Xapanã foi chamado para acompanhar o sopro do pó preto por Odudua. Do pó preto, uma galinha-d'angola surgiu e, ao lado do orixá Xapanã, ela organizou a terra em vales, morros, montanhas e nas mais diversas formas.

Por fim, o pó vermelho soprado pela orixá criadora do mundo fez surgir um camaleão que cuspia fogo e passou a cozinhar o mundo sob as instruções de Aganju. Esta era a divindade do fogo. Eis que o mundo surgia, e Oduduá chamou Oxóssi e Aroni para organizarem as matas, florestas e toda a vida vegetal e animal.

Com o mundo pronto, faltava gente. Então, Olorun trouxe de novo à cena da criação o filho Obatalá, concedendo ao irmão de Oduduá essa missão. Obatalá acabara de acordar e estava confuso: como o mundo tinha sido criado sem sua presença? Olorun explicou que, para ele, ficou reservada a criação dos seres humanos. Dessa vez, Obatalá estava mais humilde, pois acordara na fase do entardecer e seu brilho solar estava maduro. Ele foi consultar Orunmilá e, depois, com ajuda de Ajalá, oleiro experimentado, fez os primeiros seres humanos.

Passaram-se dias e anos. Nessa época que escapa à memória de gente, tanto orixás como humanos viviam juntos. Depois, veio a separação entre a terra dos orixás (Orun) e a terra de gente (Aiê). Mas, mesmo distantes uns dos outros, humanos e orixás permanecem em contato.

A DISPUTA ENTRE OS ORIXÁS MASCULINOS E FEMININOS

Conforme a pensadora nigeriana da etnia ioruba, Oyèrónk Oyěwùmí alerta no livro *A invenção das mulheres: uma perspectiva africana sobre os discursos ocidentais de gênero*, a oposição entre masculino e feminino não é universal. A autora explica que as palavras iorubás para mulher (fêmea) e homem (macho), *obínrin* e *okurin* não têm o mesmo sentido. Oyěwùmí argumenta que gênero é uma construção ocidental. No universo ioruba, *okurin* não é usado como sinônimo de humanidade e *obínrin*, o seu outro. As categorias "macho" e "fêmea" no contexto iorubá se aplicam somente às "pessoas adultas e não são usadas normalmente para *omodé* (meninos e meninas) ou *eranko* (animais)".

Um elemento que caracteriza a cultura iorubá é que, em seus mitos de fundação, potências divinas femininas e masculinas mantêm estreito diálogo por meio de afastamentos e aproximações. Desde o início, as duas divindades supremas, uma feminina e outra masculina, entraram em contato para que a primeira geração de divindades geradas passasse a existir. A simetria continuou na nova geração. Oduduá atua como signo-chave do feminino, e o mesmo passa com relação a seu irmão, Obatalá, o protótipo da masculinidade.

Uma perspectiva que aparece logo no início da criação do mundo está nas características distintas de Obatalá e Oduduá. Obatalá representa o sol (astro). Oduduá, a Terra (planeta). A vantagem da Terra em relação ao sol é a humildade. O sol — aqui entendido como símbolo masculino — caracteriza o brilho próprio e o esquecimento da necessidade de dialogar, avaliar outras opiniões e delegar funções diante de uma missão importante.

Já a Terra, Oduduá, aceita aconselhamento e, consciente de sua liderança, não pretende fazer as coisas solitariamente. Sua realização passa pelo reconhecimento de que outros orixás têm habilidades específicas e indispensáveis para a criação do mundo. Em outras palavras, o mito informa que a capacidade de delegar é uma característica mais feminina do que masculina.

Em resumo, o orgulho masculino pode ser a ruína dos homens e do mundo. A consciência feminina dá às mulheres o poder de criar e manter o mundo. Um modo de interpretar a capacidade de Oduduá em superar o irmão Obatalá está associado ao poder feminino de nutrir e gestar. Em outras palavras, a mulher amamenta e cuida, invocando a parceria como chave para resolver os problemas em uma missão. O processo de criação, construção e manutenção do mundo torna-se possível pela capacidade feminina de liderar delegando, sem o desejo de brilhar só.

A disputa entre irmã e irmão pelo amor do pai e da mãe não deixa de ser a representação de uma tensão entre dois sexos que existe desde a criação. É importante registrar que a gestação do mundo reunindo os quatro elementos é conduzida e gerenciada pela primeira das deusas criadas, Oduduá.

O que isso significa? Primeiro, o feminino dá à luz o mundo. Em segundo lugar, o masculino cria os seres que habitarão nesse mundo.

A mitologia interpreta a realidade por meio de três elementos: a criação das divindades (teogonia), dos mundos (cosmogonia) e dos seres humanos (antropogonia). Na criação da humanidade, a constituição dos elementos femininos traz aspectos específicos que merecem ser examinados de perto. O que está em jogo aqui no mito?

Na mitologia iorubá, desde sempre existiu uma relação de tensão e conciliação entre orixás masculinos e femininos. Aquilo que o mito pretende informar é simples: o surgimento da vida e do mundo, assim como sua gestão, só é possível se as mulheres e os homens entrarem em acordo. Mas, nessa narrativa mítica, as mulheres, representadas por Ododuá, parecem exercer o papel-chave na construção de um acordo e nos primeiros passos para o estabelecimento de uma sociedade ordenada e estável.

OXUM E A PRIMEIRA CRISE

No início dos tempos, quando as primeiras gerações humanas habitavam em nosso mundo, o culto aos orixás era feito com quatro tipos de ofertas dos mortais, uma para cada dia da semana. No primeiro dia eram feitas oferendas em um lugar chamado Igbo Orô ("Bosque da Palavra") para Ori ("cabeça"). A oferenda tinha por objetivo fortalecer a cabeça, o sentido e a compreensão sobre a vida e o destino individual.

No segundo dia da semana, na floresta se abria o Igbo Igbala ("Bosque da Salvação"), onde se prestavam homenagens aos ancestrais (Eguns). Os descendentes transmitiam respeito e gratidão a quem já tinha passado pela Terra e os havia gerado.

No terceiro dia da semana, abria-se o Igbo Ifá ("Bosque de Ifá"), onde as oferendas eram destinadas a Orunmilá, o guardião dos segredos de Ifá (os quais aqui são entendidos como os segredos divinatórios). Orunmilá é o responsável pelo conhecimento das jornadas individuais do ser humano. O guardião de Ifá é cultuado para a compreensão de quem busca conhecimento a respeito de si mesmo e para quem deseja que seu caminho seja ampliado.

No último dia da semana, o Igbo Orixá abrigava o culto e as saudações aos orixás. Após as consagrações, ou seja, os presentes em forma de alimento, bebida e objetos de todo tipo, feitos pelos humanos, tudo ocorria da mesma maneira, quer fossem as oferendas para Ori — a cabeça — (em busca de autoconhecimento), para outros orixás (em busca de contar com apoio de todas as forças da natureza), para Eguns (em agradecimento aos ancestrais que cuidaram e preparam o mundo para nós) ou para Orunmilá (responsável pelo conhecimento dos nossos destinos, os mapas possíveis de nossa jornada).

Os orixás masculinos recolhiam e enviavam as oferendas para os orixás femininos sob a supervisão de Oxum, divindade da beleza e da fertilidade. As regras diziam que os orixás recebiam as oferendas enquanto a preparação do alimento era tarefa das orixás. Encarregadas de cozinhar, elas recebiam recomendações de que não poderiam comer nada sem o consentimento deles.

Depois de algum tempo, Oxum, deusa da beleza e da fertilidade, reclamou do desprezo que recebia dos orixás masculinos. Sem apreço por ela e pelas outras orixás, os deuses continuavam a recolher as ofertas dos mortais e exigir que as deusas trabalhassem, sem dar o menor sinal de gratidão em troca.

Oxum já estava cansada de esperar por elogio ou reconhecimento e usou silenciosamente seus poderes para fazer um feitiço. Daquele dia em diante, mulheres, homens, animais e plantas perderiam a fertilidade. Mas por que punir os seres humanos por um defeito de conduta dos orixás masculinos? Ora, Oxum estava punindo as pessoas porque os humanos não tinham percebido (ou fingiam não perceber) a injustiça que os orixás masculinos cometiam. A punição de Oxum foi para mostrar que a conivência e o silêncio diante do mal dão mais força ao erro.

Ao perceber o fim dos nascimentos, os orixás masculinos ficaram preocupados: o esquecimento os sepultaria. Somente Olorun e Olokun podem existir sem lembrança. Afinal, desde o início dos tempos, só existia essa dupla. A regra de Olorun e Olokun era simples: tudo que começa precisa terminar. A única maneira de os orixás *permanecerem* era a memória, as oferendas e os cultos dos mortais. Sem este "alimento", os orixás iriam sucumbir famintos de axé (energia vital).

Mas Oxum foi além e usou seu axé de grande mãe e infertilizou todos os mundos, Orun (terra dos orixás) e Aiê (terra dos seres humanos e de outros animais). Logo, os orixás masculinos perceberam que os rios começavam a definhar, os animais terrestres não procriavam mais, as aves deixavam de pôr e chocar ovos, os campos de plantação paravam de crescer, o inhame não brotava mais da terra, as folhas dos coqueiros perdiam o verde, tudo amarelava, e a fome de mulheres e homens ressoou no mundo dos deuses.

O medo tomava conta de todos, com exceção de Olorun e Olokun, únicos capazes de sobreviver ao fim dos seres humanos. Os orixás masculinos, sob a liderança de Exu, foram consultar Orunmilá, o responsável pelos segredos de Ifá, que concluiu que apenas o grande deus Olorun poderia dar a resposta.

Exu foi sozinho, enviado por Orunmilá, até o palácio de Olorun perguntar o que estaria por trás de tudo aquilo. Olorun explicou que o problema havia sido ocasionado pela incapacidade de os orixás masculinos acolherem uma representante dos orixás femininos. Senhor supremo do destino, ele disse que o esquecimento e a falta de respeito a Oxum e, por conseguinte, a todas as orixás femininas, provocou um justo ressentimento.

A alternativa seria enfrentar o problema e trazer Oxum para participar dos rituais de sacrifício. Olorun foi explícito: tudo se resolve e pode ser recuperado desde que a troca seja justa. O mal causado não pode ser suspenso sem que um bem da mesma dimensão seja feito. Exu e Orunmilá foram até os outros 14 orixás masculinos que recebiam as oferendas. Sua decisão foi seguir o conselho de Olorun. No amanhecer do mundo (Aiê), foram até Oxum e pediram que ela passasse a integrar o grupo de orixás que recolhem as ofertas dos seres humanos. Oxum foi muito enfática ao dizer "não".

Oxum comunicou que estava grávida e que, dali em diante, haveria duas opções, cada qual dependendo do sexo da criança em seu ventre. Se a cria fosse do sexo feminino, Oxum não retiraria o encanto e nada mais floresceria no mundo; já em caso de um menino, Oxum retiraria o feitiço, permitindo que a fertilidade retornasse e o mundo voltasse a florescer. Assustados, Exu e Orunmilá comunicaram aos orixás masculinos a resposta de Oxum e lançaram sobre ela um axé que pudesse "garantir" o nascimento de um menino.

Com a hora do parto se aproximando, a apreensão e a ansiedade tomaram conta de Exu, Orunmilá e todos os orixás masculinos. Mas eis que a hora chegou e nasceu um orixá para acompanhar os outros masculinos no lugar de Oxum. Só então o mundo retomou seu curso natural, a fertilidade reapareceu e a vida seguiu seus rumos imprevistos.

DOMINAÇÃO MASCULINA VERSUS INSURGÊNCIA FEMININA

O mito da insurgência de Oxum permite uma leitura que coloca em xeque a naturalidade dos papéis de gênero e problematiza a prepotência masculina. Originalmente, o espaço de gestão feminina seria reduzido aos serviços da casa. Afinal, as metáforas diretas de que Oxum estava encarregada de cozinhar não deixam muitas dúvidas: ela e os orixás femininos têm a obrigação de preparar o alimento. Mas nunca recebem o convite para decidir a gestão da partilha.

No entanto, a consciência do poder de reprodução biológica, a fertilidade, a possibilidade de gestação e a capacidade de dar à luz novas vidas tornam as mulheres capazes de negociar espaços. Oxum é uma personagem mitológica que passou a ter consciência de seu poder. Quando recusa o papel designado pelos orixás masculinos, ela exprime que a partir do momento em que as mulheres tomarem as rédeas de seu enredo, confirmando que são donas de seu próprio corpo, de seus desejos, não continuariam a se submeter.

Oxum convida os orixás masculinos para uma negociação, impondo uma pauta surpreendente. Ela está dizendo algo como: "O meu trabalho é facultativo, não compulsório. Meu corpo é *meu*, a gravidez é minha escolha". Por isso, a bela imagem de que a fertilidade do mundo cessou pela vontade de Oxum pode remeter à desnaturalização da função de parideira intermitente associada à imagem da mulher. Com efeito, Oxum representa a crítica à maternidade compulsória.

Tornar-se mãe não é uma obrigação. Contudo, a sociedade considera natural que a gravidez esteja na agenda de desejos, sonhos e expectativas femininas. A suspeita lançada por Oxum traz um desafio para toda a sociedade: o que fazer com as mulheres que recusam seu "papel natural" de mãe? O mundo vai acabar?

O mito é inteligente em sua percepção das relações de gênero. Uma das estratégias mais interessantes desse mito é justamente o feitiço lançado para que a fertilidade cessasse. A reação dos orixás masculinos é uma sensação de que o mundo estava acabando. Na história da humanidade, em sociedades patriarcais, quando a mulher se insurge contra um papel social que se restringe à maternidade, o homem tende a interpretar isso como o fim do mundo. A perspectiva metafórica do mito ao representar a decisão de Oxum é clara.

A reivindicação da deusa é simples: quer o direito de receber o produto das oferendas. O que pode ser lido como exigência de acesso ao trabalho e seus produtos. Oxum é um discurso mítico que reclama direitos iguais. Em outras palavras, a exclusividade dos orixás masculinos em recolher as oferendas e exigir que fossem preparadas por Oxum e suas irmãs retrata um cenário comum até hoje no mundo humano: os homens trabalham e as mulheres cuidam da casa, dos serviços domésticos, da alimentação, do marido e dos filhos.

O mito de Oxum pretende nos convidar para uma reflexão: a maneira como as mulheres são percebidas pelos homens e por elas mesmas encobre uma hierarquia de gênero. É contra essa hierarquia e, sobretudo, a favor da autonomia feminina que o mito propõe uma recusa aos caprichos masculinos. Oxum representa uma pauta de autoria feminina. Mais ainda, propõe uma dupla recusa. Primeiro, sua força e sua capacidade de trabalho não aceitam submissão ao controle masculino. Segundo, rejeita a vinculação da mulher à reprodução como atributo exclusivamente feminino. A negação de que a mulher esteja sob a tutela do homem está presente em todo o mito.

NOTAS PRELIMINARES SOBRE O CASAMENTO

Um dos maiores exemplos de toda a dimensão da relação entre homens e mulheres e da ambiguidade dos sentimentos entre ambas as partes é o casamento. O matrimônio é um tema que costuma ser alvo de grandes e acalorados debates. Dentre as narrativas iorubás que podem servir como subsídio para lançar luz sobre o assunto, vale destacar um itã (verso) que descreve o fracasso do casamento de Iemanjá com Oroquê.

Antes de tudo, é bom lembrar que, na cosmovisão iorubá, a relação entre gêneros não se caracteriza por oposições binárias irreconciliáveis. O mais adequado é falar em cosmossensação, tal como explica Oyèrónkẹ́ Oyěwùmí, socióloga nigeriana que investiga as relações de gênero a partir da cultura iorubá. Conforme Oyěwùmí, na sociedade iorubá é mais pertinente tratar de cosmossensação em vez de cosmovisão, principalmente porque a realidade não é experimentada somente através do sentido da visão, mas, de modo sinestésico, inclui e articula todos os sentidos. Por essa razão, quando a narrativa iorubá nos convida a associar Iemanjá às águas, não se deve ter uma ideia desse processo que seja apenas visual. É preciso pensar usando elementos auditivos, táteis, palatáveis, olfativos, além dos tradicionais aspectos visuais que envolvem a imaginação.[10] Não cabe aqui aprofundar esse debate, mas é importante registrar essa especificidade.

Muito cultuada no Brasil, Iemanjá é um arquétipo que remonta às tradições iorubás de fertilidade e maternidade. De início, associada às águas doces, a orixá era cultuada nos trechos cortados pelo rio Ogum. Seu nome original, Yemonjá, é a aglutinação de três termos: *yeye*, *omo* e *eja*, que juntos literalmente significam "mãe-dos-filhos-peixe". Assim, a divindade hidrolática, que reúne simultaneamente maternidade e sensualidade, teria seu nome ligado à pesca.

Se levarmos em consideração as modificações que a interpretação dos orixás recebeu no Brasil, alguns aspectos foram ressaltados publicamente mais do que outros. De qualquer forma, Iemanjá remete a uma potência feminina profunda. O elemento água simboliza uma energia feminina diferente de passividade.

Por alguma razão, Iemanjá reúne tanto as qualidades geradoras da vida quanto as da morte: a orixá simboliza o mar, remetendo a um útero benfazejo. Por outro lado, indica um brutal, inconsciente, descomunal e destrutivo poder. Nós nos arriscamos a dizer: Iemanjá pode ser entendida como um signo feminino que revela que bem e mal não são substâncias distintas. O mar tanto pode afogar quem pesca como é a base de sua honra. Portanto, o bem e o mal são maneiras de manifestação da mesma potência.

Iemanjá é uma mulher. Daí, bondade e maldade são categorias relativas. Elas dizem respeito muito mais às circunstân-

---

10. Para autoras como Ama Mazama e Marimba Ani, assim como Cheik Diop e Molefi Asante, esta que seria a peculiaridade da cultura iorubá está presente em todas as culturas africanas.

cias do que a uma realidade. O mar pode estar calmo, revolto, ser palco de maremoto ou uma piscina suave e rasa. Assim são as mulheres: plácidas, revoltas, maremotos de humores e sentimentos ou, simplesmente, suaves tais qual um mar que parece uma lagoa.

Nunca uma coisa só; as mulheres são capazes de fazer mais de uma coisa ao mesmo tempo. Podem cuidar de um bebê, fazer o projeto de uma ponte e conversar com uma amiga simultaneamente. Essa potência é própria do mar. Por fim, em termos gerais, o modelo feminino Iemanjá caracteriza-se pela superproteção às pessoas do seu núcleo familiar e de amizades próximas. Ao mesmo tempo, Iemanjá reúne franqueza, desconfiança, equilíbrio emocional, competência e sabedoria. A lealdade fraterna e a sororidade também são traços identitários desse arquétipo feminino. Adiante, vamos conhecer alguns versos que dão uma dimensão mais profunda da senhora das águas, primeira filha da deusa suprema Olokun.

O CASAMENTO DE IEMANJÁ COM OROQUÊ

Iemanjá teve dez filhos em seu primeiro casamento com Obatalá. Mas, cansada de viver na cidade de Ifé sem sentir-se satisfeita, depois de todas as filhas e os filhos estarem grandes, decidiu seguir para o Ocidente. No sentido oeste, chegou à cidade de Abeocutá. Os primeiros dias foram de adaptação. Depois de sua beleza ganhar fama incrível na região, o rei de Xaci ficou sabendo que ali vivia uma deusa. Oroquê, então, enviou emissários para que trouxessem a bela Iemanjá até ele. O galante e educado rei acabou encantando aquela que, por sua vez, o tinha encantado. Iemanjá, que não esperava encontrar outro casamento, estava mais à procura de si mesma do que de enamorar-se. Porém, a surpresa veio de dentro e de fora. Ela estava desacostumada a receber elogios e, depois de tanto tempo cuidando de filhas e filhos, mal tinha tido tempo para tratar de si.

Oroquê desposou Iemanjá. Ela estabeleceu algumas condições. Apesar de sua beleza ser incontestável, os seus seios causavam-lhe incômodo. Afinal, por ter amamentado durante muito tempo, os seios de Iemanjá eram muito fartos, o que a deixava insegura em relação a sua aparência. De sua parte, ela nunca desdenharia de Oroquê por suas características: os testículos enormes e a vontade de beber em excesso. As núpcias e os momentos seguintes foram resplandecentes, doces e gloriosos, como uma bela lua de mel. Oroquê e Iemanjá entregaram-se num frenesi, permitiram que suas fraquezas ficassem sob as sombras e suas virtudes ficassem à vista. Iemanjá deixou sua beleza se manifestar sem pudor algum. Oroquê, despido de vergonha ou temor, abriu-se para sua esposa. Livres, duas cabeças e dois corações envolvidos em conforto amoroso e ardente tal dendê apimentado. O tempo dessa lua de mel, por assim dizer, ultrapassou os dias de uma pessoa mortal na terra.

Oroquê e Iemanjá viveram bem por muitos e muitos anos. Mas, como é próprio do tempo, nada se permite ser a mesma coisa para sempre. Por isso, um dia Oroquê ficou embriagado e chegou em casa bufando, irritado e esfomeado. Sem controlar seus movimentos devido à bebedeira, o marido de Iemanjá derrubou um prato com iguarias e uma das cabaças mais preciosas da esposa. Iemanjá reclamou:

— Não tens atenção nenhuma. Tu bebes e perdes até a direção de caminhar. Destruíste uma cabaça e derramaste comida fresca.

Diante da reclamação, Oroquê esqueceu o sentimento de bem-querer por Iemanjá, atacando-a com rispidez e batendo na mesa.

— Tu tens peitos que chegam perto dos pés! Deixa-me em paz!

Iemanjá silenciou chorosa e saiu em disparada. A fuga da esposa fez acender em Oroquê uma chama de preocupação. Ele saiu em busca de Iemanjá e, quase prestes a alcançá-la, viu a orixá se transformar num rio caudaloso e seguir no sentido de sua mãe, o mar de Olokun. Oroquê correu com ainda mais velocidade e, à frente do rio Iemanjá, se transformou numa colina. O rio Iemanjá, represado e impedido de chegar ao mar, lançou um choro-pedido que chegou até seu filho Xangô. O poderoso orixá da justiça e do trovão foi em socorro da mãe e, arremessando um raio, rachou a colina ao meio. Desse modo, sua mãe conseguiu se encontrar com o mar, escapando definitivamente de Oroquê.

O que essa trama pode nos dizer sobre o casamento e as intempéries da relação entre uma mulher e um homem? Ela nos alerta a respeito de um problema: a lua de mel cria uma ingênua ilusão. O casamento é um encontro que não pode ser tomado como eterno.

Uma maneira de entender a relação amorosa a partir da narrativa iorubá, bem peculiar, é perceber que o casamento começa com a superação dos "defeitos". A lua de mel enseja carinho, uma conciliação que diminui as distâncias e ressalta as aproximações. Iemanjá, como arquétipo, revela algo a respeito da insegurança feminina. Toda a narrativa indica que existe algo nas mulheres a respeito de seu corpo — principalmente diante das exigências de perfeição e beleza — que as incomoda.

Nos homens, o tabu está no âmbito da virilidade. Daí os testículos enormes serem uma metáfora explícita da vitalidade sexual de Oroquê. Considerando elementos histórico-sociais que não vamos detalhar aqui, fica a pergunta: o que mais pode ferir um homem em relacionamento amoroso com uma mulher? À menor sombra de dúvida sobre a sua vitalidade ou potência sexual, o homem pode perder as estribeiras.

O ensinamento assimétrico de gênero que advoga a submissão feminina diz, por meio de estratégias diversas, que uma mulher não pode colocar em xeque a masculinidade — leia-se a "potência", o desempenho sexual do homem. Por exemplo, se uma mulher disser, após uma relação malsucedida, que o homem tem o pênis pequeno ou que não foi vigoroso no ato sexual, ele pode virar "bicho" e sentir-se humilhado publicamente.

Na história, Oroquê entende que sua masculinidade está sendo questionada, porque responde falando do corpo da esposa. Mas em nenhum momento Iemanjá trata desse aspecto. É preciso salientar que, na versão da história aqui contada, não há nenhum sinal de menção a esse aspecto. Iemanjá não levanta suspeita alguma sobre a masculinidade do marido. Por isso, a réplica de Oroquê é equivocada: Iemanjá está chamando sua atenção para discutir o cuidado doméstico. Nem a bebedeira de Oroquê é analisada moralmente. O que está em jogo é o cuidado com o espaço da casa. Neste caso, a bebedeira é um signo que conota o pouco cuidado do rei com outras instâncias da vida que vão além dele mesmo, especificamente os serviços domésticos. Ora, Iemanjá só pediu que Oroquê fosse atento e não desarrumasse o lar do casal. A ação de derramar comida é um descuido enorme com o alimento. Não deixa de ser uma comparação com a necessidade de alimentar, retroalimentar e manter um casamento vivo evitando desperdícios. O descuido com a casa não deixa de ser uma grave desatenção.

Em nossa linha interpretativa do mito, encontramos uma naturalização indevida das atividades domésticas e do lar como algo estritamente feminino. A ação de Oroquê ressalta que, nas sociedades em que as relações de gênero são muito assimétricas, os homens veem o descuido com as tarefas domésticas como uma posição de privilégio. Algumas frases proferidas por muitos homens hoje em dia servem como metáforas da ação do orixá Oroquê. Além de serem uma rica matéria para nossa análise de discurso. Eis algumas frases machistas que ocupavam o universo do senso comum no século xx:

- "Eu ajudo minha esposa com as tarefas de casa."
- "Mulher pode trabalhar fora de casa, desde que isso não atrapalhe os serviços domésticos."
- "Os filhos são da mulher, sempre mais da mulher que do homem."

A primeira frase deixa explícita a ideia de que os serviços domésticos seriam obrigações das mulheres. A segunda diz o mesmo, avaliando que uma vida profissional, isto é, a existência pública de uma mulher, não pode entrar em conflito com a vida doméstica. Do mesmo modo, a última frase traz um problema que parece estar impregnado na sociedade: cabe à mulher cuidar dos filhos. Esse discurso era dominante até boa parte do século xx. Pois bem, a atitude de Iemanjá é um contra-ataque ao ataque machista do marido.

Oroquê não entende a crítica de Iemanjá e muda de assunto. Ela quer levá-lo à consciência de seu descuido com o lar. O estar bêbado é uma parte do acontecimento. A réplica de Oroquê trouxe um tema novo, atingindo a autoestima da esposa. Mas, sendo insubmissa, Iemanjá dá uma resposta à altura do desagravo. Ela não se deixa intimidar e prefere romper o relacionamento a conviver com enxovalhos. A tréplica de Iemanjá é sua retirada.

Não podemos deixar de mencionar outro aspecto: o filho Xangô toma o partido da mãe. Ora, quando marido e esposa entram em rota de colisão, não é raro que um dos filhos assuma uma posição em favor da mãe. O mito está nos dizendo isso, o raio lançado por Xangô contra Oroquê significa o enfrentamento. O filho enfrentando o padrasto, neste caso, ou o pai, em outros, para defender a mãe.

NANÃ, OXUMARÊ E OBALUAÊ: O AMOR DE MÃE "AMA" MAIS UM FILHO DO QUE OUTRO?

Na complexa tradição iorubá existem elementos que remetem ao povo fon. Um deles está na narrativa dedicada a Nanã. Rezam itãs diversos que a senhora da lama, cuidadora da terra envolvida carinhosamente por porções de água, já existia no início dos tempos. Nanã já emergiu senhora: sua face sempre demonstrou maturidade e esplendor. A senhora das chuvas suaves, da morte, dos pântanos e mangues.

Nanã era uma orixá que reinava sobre os segredos da morte. Os Eguns — espíritos de pessoas sem corpo[II] — sempre estiveram sob seu controle. Nanã era a guardiã de uma porta que ficava aberta ou fechada entre a terra dos mortais e o mundo dos ancestrais. O poder de definir tanto quem como em que momento poderia atravessar a porta e seguir de um lado para o outro cabia somente a ela. Nenhuma outra divindade orixá tinha esse acesso aberto, de maneira que dependiam da disponibilidade de Nanã, caso quisessem transitar livremente.

Obatalá admirava os poderes de Nanã sobre os desígnios da morte e resolveu se aproximar dela. Seu plano era ter livre acesso entre a terra dos viventes presentes e o mundo das pessoas passadas. Sem dúvida, esse poder seria estratégico para angariar admiração, honra e até muita bajulação dos mortais. O orixá se perguntava: "O que uma pessoa viva ou morta não ofertaria para poder passar de um lado para o outro?". A cobiça de Obatalá por esse poder foi a razão de seu empenho no desenvolvimento de um plano ardiloso: casar-se com Nanã. Era a única possibilidade, uma vez que ela mantinha em grande sigilo como abria e fechava a porta, nunca comentava como se comunicava com os mortos. Para Obatalá, Nanã seria mais generosa com quem fosse seu marido. Ao afortunado seria revelado como abrir e fechar a porta entre os dois mundos.

Obatalá planejou galanteios e uma abordagem direta que pudessem resultar no matrimônio. Porém, as suas investidas foram seguidamente repudiadas por Nanã. Ela não se interessava pelos gracejos e presentes. Investida após investida de Obatalá, Nanã permanecia do mesmo modo: austera, apesar de

---

[II]. Aqui denominaremos de mortos. Não cabe aprofundar a complexidade dessa categoria na cosmovisão iorubá. Mas a morte não deve ser entendida como o contrário ou inverso da vida. Na tradição iorubá, estar morto não diz respeito a estar sem vida. O contrário da vida é o esquecimento. A morte é uma dimensão que produz duas possibilidades: tornar-se parte da ancestralidade ou um *espírito* sem corpo. Ancestrais são aquelas pessoas que deixaram o mundo presente e mantêm uma relação de diálogo com sua descendência, contribuindo para o desenvolvimento das pessoas vivas.

doce. Ela desconfiava desses galanteios, mesmo sem ter convicção das intenções escusas do orixá do pano branco.[12] Afinal, Nanã sempre teve consciência do que ela representava: uma orixá poderosa, antiga, experiente e capaz de resolver grandes problemas, transitando entre mundos com enorme poder.

Diante das negativas dela, que eram quase sempre silenciosas ou então recusas sucintas de poucas palavras, Obatalá decidiu procurar Orunmilá. Acreditava que o senhor dos segredos poderia instruí-lo sobre o que efetivamente deveria fazer para casar-se com Nanã, mas não revelou que o objetivo fosse desvendar como transitar dos mortos para o mundo dos vivos.

Sem saber as reais intenções de Obatalá, o senhor dos segredos recomendou-lhe algumas ofertas. A prescrição foi seguida, e finalmente Nanã permitiu-se ouvir as palavras "saborosas" que foram preparadas com cuidadosos toques por Obatalá.

O orixá do pano branco tanto insistiu, que conseguiu desposar Nanã. A atenção, a proteção e a dedicação de Obatalá encantaram Nanã. Ele fez questão de ser divino, manifestando toda a maturidade possível: ele ouvia, calava e agia sempre no momento mais oportuno para a esposa. Não demonstrou pressa, soube esperar e só dormiu com Nanã depois que ela autorizou, algum tempo depois do casamento. Talvez outro orixá não suportasse essa prova de amor.

Durante o casamento, Obatalá seguiu e observou os passos de Nanã e como ela fazia para passar pela porta do mundo dos vivos e dos mortos. Logo, ela engravidou e se recolheu para cuidar dos filhos. Obatalá aproveitou-se e, vestido com roupas semelhantes às de Nanã, passou-se por ela, dizendo para os espíritos que, de agora em diante, também deveriam obedecer a seu marido. Ou seja, a artimanha de Obatalá foi para autorizar a si próprio o mesmo poder de Nanã: passar livremente do mundo dos mortos para o dos mortais. Mas Nanã descobriu a artimanha de Obatalá. Daí em diante, Nanã exigiu o rearranjo do relacionamento — seria necessário reequilibrar o casamen-

---

12. Orixá do pano branco é uma das maneiras de se referir a Obatalá/Oxalá.

to. Afinal, todo o bem, assim como todo o mal, é repartido. Por isso, o matrimônio bem-sucedido entre Nanã e Obatalá tem como base a troca contínua e mútua. Obatalá reconheceu o que aprendeu com Nanã e retribuiu ensinando-lhe alguns de seus segredos, o que aqui não será abordado.

Pois bem, do casamento entre os dois orixás nasceram Obaluaê e Oxumarê. Os gêmeos nasceram diferentes: um feio; o outro bonito. A história conta que Nanã escondeu Obaluaê com palhas e exibiu Oxumarê. Este, ao contrário do irmão, nasceu tanto com a beleza da mulher como a do homem. Então, orgulhosa, Nanã pregou-o no céu e sempre que a chuva se encontra com o sol, ele exibe-se como arco-íris.

Enquanto Nanã rege os elementos água e terra, Obaluaê domina principalmente este último. Oxumarê, o filho bonito de Nanã, reúne elementos mais solares numa composição entre água e ar. O seu reino não precisou ser disputado com o irmão, Obaluaê; Oxumarê ascendeu ao céu cravejado d'água. O que dizem os versos é mais ou menos o seguinte: Obaluaê foi ao solo, à terra, agarrado à mãe. Enquanto Oxumarê, mais solto, preferiu saltar até as misteriosas nuvens mantendo os pés no chão apenas para não se esquecer de onde veio (o arco-íris).

Daí há dois caminhos de interpretação. O primeiro, a respeito do que a história tem a dizer sobre a relação entre a mãe e dois filhos. A preferência por um filho é "natural"? No segundo caso, trata-se mais de analisar como tanto aquilo que Nanã esconde quanto o que exibe têm muito mais a ver com ela do que com alguma coisa externa.

Por que uma mãe prefere uma das crias em lugar da outra? Na narrativa mítica iorubá, Nanã estaria agindo em função do amor? Ou motivada por sentimentos de orgulho ou de vergonha? Em pesquisa realizada na Universidade da Califórnia e na Universidade de Illinois[13], cientistas analisaram por três anos 384 pares de irmãos e irmãs. A conclusão parcial desse estudo

---

13. Parte do estudo foi publicada como divulgação na Revista *Istoé* em 05/10/2011, n. 2186.

foi que 65% das mães e 70% dos pais preferem um filho ou uma filha. A predileção seria baseada em critérios subjetivos, como afinidade. Em termos psicanalíticos, os estudos apontam dois fatores para que a mãe prefira um filho ao outro. Primeiro fator, identificação: a mãe se identifica mais com uma das crianças. Segundo fator, projeção: a mãe reconhece na criança uma característica que admira muito, mas não possui. Portanto, o que define a predileção é algo multifatorial. Os estudos não confirmam um fator exclusivo. Muitas vezes, uma mãe prefere a filha que se arrisca em concursos de beleza, competições nas quais ela gostaria de ter se arriscado quando mais jovem; passa a viver sua fantasia projetando-se na filha. Outras vezes, uma mãe prefere entre duas ou mais filhas a que segue estritamente os seus passos numa carreira ou que apresenta um temperamento mais semelhante ao seu.

O mito da relação que Nanã estabelece com Oxumarê e com Obaluaê informa que este sentimento é arcaico. A relação arquetípica entre uma mãe com mais de uma filha ou um filho se apoiaria em uma destas opções: identificação ou projeção. Nanã parece projetar algo. Afinal, Obaluaê domina os mesmos elementos que ela, seus reinos são próximos e fazem fronteira. Em outros termos, Obaluaê herdou da mãe o poder sobre a terra e o seu reino avizinha-se ao materno. Já o filho que ela apresenta publicamente rege água e ar.

Entretanto, a aparente predileção por Oxumarê pode ser encarada também como uma admiração e superproteção a Obaluaê. Afinal, este precisaria de mais cuidados que o irmão. A sua "feiura" fez com que a mãe necessitasse prepará-lo mais para enfrentar o mundo. A natureza tende a ser mais gentil com os seres que encantam pela beleza; e hostiliza involuntariamente ou inconscientemente os seres ordinários e de pouca ou nenhuma beleza.

OXUM, IANSÃ E OBÁ: RIVALIDADE E AMIZADE FEMININA

Orunmilá tornou-se o sagrado deus do conhecimento, da sabedoria e de todos os grandes segredos depois de resolver um enigma proposto por Obatalá, o deus criador dos seres humanos. Duas questões foram colocadas para Orunmilá. A primeira: qual é a melhor comida do mundo? A segunda: qual é a pior comida do mundo?

Sabiamente, Orunmilá respondeu que a melhor comida do mundo é língua de touro com inhame e, logo em seguida, preparou o prato com cuidado e mestria. Obatalá fartou-se e disse que a réplica estava perfeitamente correta. E, assim, exigiu a resposta da segunda pergunta. Orunmilá parou, pensou e respondeu com convicção:

— A pior comida do mundo é língua de touro com inhame.

Obatalá ouviu com espanto e recebeu novamente a iguaria. Mas comeu e sentiu um forte desconforto, o que o deixou bravo.

— Orunmilá, esta comida é horrível. Nunca experimentei nada tão ruim. Como pode a mesma mistura ser a melhor e a pior de todas as comidas?

A resposta desceu como um raio de luz que anuncia a manhã depois da noite fria ou, ainda, como uma brisa fresca diante do calor escaldante. Orunmilá disse de modo direto:

— Língua de touro com inhame é a melhor comida porque, com a língua que pronunciamos "bom dia", agradecemos aos presentes que gostamos, anunciamos a alegria de um nascimento e dizemos que amamos. Mas língua de touro com inhame também pode ser a pior comida porque, com a língua que pronunciamos "dia ruim", reclamamos dos presentes que desgostamos, anunciamos a tristeza de uma morte e dizemos que odiamos.

A resposta foi tão impactante, certeira e bonita, que conquistou Obatalá no mesmo instante. O deus que criou as pessoas disse que, depois de uma jornada cansativa em busca da verdade, conheceu a única resposta que merecia um prêmio. Daí, consagrou Orunmilá, fazendo com que seu nome tivesse realmente o sentido próprio de cada palavra. Afinal, Orunmilá significa: abertura (*ilá*) do eu (*emi*) para o ilimitado (*Orun*).

Depois da consagração, Orunmilá tornou-se um deus rico e poderoso. Com as graças de Obatalá, ele passou a ter mais glória, reputação e riqueza do que poderia haver imaginado. E começou a cobiçar Oxum. A deusa da beleza encantava todos os orixás e sempre gostou de galanteios e presentes. Orunmilá empenhava-se em agradar-lhe, estreitando a amizade entre os dois, com confissões e curiosidades. Oxum imaginava o quanto seria bom ser esposa de Orunmilá: por um lado, ele lhe traria riqueza; por outro, sabedoria.

Orunmilá estava apaixonado, encantado pela beleza envolvente de Oxum. E a pediu em casamento. Ela aceitou, com três condições: continuar vivendo em sua própria casa, definindo pernoites conforme as necessidades do desejo; não haver segredos entre ambos; ganhar um cargo no culto de Orunmilá. O orixá senhor da sabedoria aceitou todas as exigências da senhora dos rios sem restrição alguma.

Com o passar de 21 luas, Oxum foi até o culto de Orunmilá, território proibido para orixás femininos. No mundo dos seres humanos, somente os homens podiam frequentar e consagrar-se nesse culto. Diante da surpresa de Orunmilá, Oxum relembrou a promessa do senhor dos segredos. Então, recebeu um cargo no culto.

Mal teve a promessa cumprida, exigiu outra, o segredo dos 256 Odus, que são os caminhos de Ifá, o segredo da vida. Um sistema que pode ser entendido como uma matemática: existiriam 16 destinos que, combinados com mais 16 possibilidades, resultariam nos 256 caminhos possíveis para os seres humanos. Cada caminho pode ser água, fogo, ar ou terra. O caminhar da água, por exemplo, também pode ser combinado com água, fogo, ar ou terra, e assim por diante, resultando em

16 caminhos básicos que todos os seres, mortais ou imortais, tomam em sua existência. O conhecimento desse segredo permitiria caminhar com mais consciência de si. O entusiasmo e os receios seriam substituídos por uma bússola que aponta a orientação adequada para cada ser se realizar como pessoa.

Orunmilá respondeu que, no papel de guardião de Ifá, não tinha autorização para compartilhar esse conhecimento com ela. Oxum ficou contrariada e exigiu o cumprimento da promessa de casamento. A resposta continuou negativa. Achando que tinha sido ludibriada, Oxum retirou-se a contragosto e planejou um contra-ataque dentro de si mesma. O semblante de Orunmilá tornou-se turvo como seus sentimentos de preocupação.

Depois de 21 luas, Oxum procurou Exu. A proposta foi que roubasse os segredos dos 256 Odus de Orunmilá e cobrasse o devido preço pelo seu serviço — Oxum disse que pagaria o que fosse preciso. A astúcia de Exu e sua capacidade de atravessar todas as portas, transformando paredes e muros em portões abertos pela sua invisibilidade sorrateira, tornaram possível estudar Odu Ifá.

Ao fim de 21 luas, Exu voltou a Oxum com uma versão do sistema divinatório. Oxum aceitou, mas reclamou, porque, apesar de atender às suas exigências, a versão não continha todas as minúcias e os diversos detalhes. Exu explicou que, por ser vedada aos orixás femininos, a versão completa nunca poderia ser conhecida por ela. No entanto, um sistema parcial estava disponível. Oxum perguntou o preço e Exu fez a cobrança: todos a consultar o oráculo vão precisar pagar.

Oxum começou a se reunir com outras orixás, criando um grupo liderado por ela, Iansã e Obá. Iansã é a senhora dos ventos e das tempestades; Obá, a guerreira solitária e silenciosa. Se Iansã surge e ninguém deixa de perceber sua presença, Obá, por sua vez, pode entrar e sair sem ser notada. Uma delas parte para o ataque (Iansã) e a outra prefere dar o segundo golpe (Obá). As duas deusas assustam os orixás masculinos de modo que só os guerreiros têm coragem de cortejá-las.

Não tardou e as notícias de que Oxum já dominava parcialmente os segredos do destino caíram como tempestade sobre Orunmilá. Exu, o senhor das encruzilhadas, foi chamado e precisou se explicar. Contou ao irmão que, mesmo Oxum sabendo o segredo do destino, apenas o conhecerá parcialmente. Orunmilá irritou-se: "Tu não sabes o perigo que estamos correndo? Se as orixás dominarem os segredos de Ifá, todo o equilíbrio chegará ao fim e seremos subjugados. Por isso, precisamos neutralizá-las".

O curso da batalha foi desferido em duas frentes. Na primeira, os orixás masculinos deviam se casar. Nenhum deles deveria ficar só. O elogio à beleza das orixás deveria ser contínuo, a ponto de que todas, incluindo as mulheres humanas, perseguissem as formas perfeitas e deixassem de lado os assuntos públicos.

A estratégia funcionou bem para todas as divindades, com exceção de uma orixá, Obá, e um orixá, Xangô. Obá permaneceu solteira e sem desejo de ser bonita. Seu foco manteve-se concentrado em treinar as artes da guerra. O belo Xangô também preferia estar livre para conquistar todas que fizessem seu coração disparar, sem ter de se amarrar a ninguém. Porém, com Obá solteira, o risco de rearticulação de um acordo entre as orixás para subjugar os orixás seria uma constante.

Com um plano delineado, Exu e Orunmilá foram até Xangô, o belo e poderoso orixá dos raios, dos trovões e do fogo. Os alvos da ação seriam Obá, Iansã e Oxum; e o objetivo: impedir que o fortalecimento da união entre as orixás as tornasse mais poderosas do que eles. A sororidade entre elas os assustava. Por sororidade, deve-se entender o pacto de parceria, o reconhecimento de que as mulheres devem cooperar mutuamente, tratando-se como irmãs.

Orunmilá e Exu propuseram ao galante e atraente Xangô que ele deveria se casar com Obá. Xangô não aceitou de pronto até ser convencido com a promessa de que também se casaria com Iansã e poderia escolher uma terceira esposa de seu gosto. Xangô casou-se com Obá e Iansã e, por fim, pediu Oxum.

Orunmilá, mesmo a contragosto, considerou o bem maior e desfez seu casamento com Oxum, deixando-a livre para ser a terceira esposa de Xangô.

Com isso, Exu e Orunmilá conseguiram o objetivo: as três orixás passaram a disputar a atenção do esposo e perderam-se nos enredos de sedução. Esqueceram-se de se embrenhar na floresta e no conhecimento.

* * *

Antes da chegada da nova esposa, Iansã, que já desejava muito a maternidade, engravidou e passou a se dedicar aos cuidados com sua gestação. Com isso, Obá passava as noites com Xangô. Mas a chegada de Oxum a deslocou. Xangô passou a dormir noites seguidas com a terceira esposa, esquecendo-se de Obá. A decepção desta orixá foi tão profunda, que ela passou a conversar com a preferida de Xangô. Mas, matreira, para afastar Obá ainda mais de Xangô, Oxum usou de uma artimanha: "Obá, corta uma de suas orelhas e a cozinha para nosso rei. Desse modo, ele vai desejar passar mais noites contigo", disse Oxum, apontando para sua orelha escondida em um turbante, como quem dissesse: "Veja, eu cortei a minha".

Obá seguiu o conselho de Oxum. Xangô estranhou a comida feita por Obá e, quando descobriu o que ela havia feito, expulsou a mulher do reino. A partir daí, as orixás não conseguiram mais rearticular um grupo com os mesmos objetivos.

A DISPUTA PELO CONTROLE POLÍTICO E CORPORAL

À primeira vista, algumas interpretações poderiam sugerir que essa combinação traria uma relação simétrica. Por um lado, homens mantendo o poder de gestão sobre o mundo e a sociedade. E, por outro, mulheres garantindo a reprodução da vida e ocupando-se de perseguir a beleza como moeda de troca. Mas também é possível interpretar que essa combinação reforça uma relação de dominação masculina.

Novamente, o que chama atenção é uma relação entre as orixás e os orixás. Sem dúvida, diante de uma aparente ameaça, os orixás masculinos articulam-se para manter sua zona de conforto. O que o mito está dizendo? Em um primeiro momento, mulheres e homens são capazes de viver de modo equilibrado se o alcance de seu poder for simetricamente dividido. Mas, conforme as mulheres começam a entrar no que os homens consideram um território exclusivamente masculino, um contra-ataque articulado é desferido sistematicamente contra elas. Exu e Orunmilá são dois orixás que buscam a manutenção de seu espaço de poder, reiterando a ideia de que a composição de forças ocorre em favor da dominação sobre as mulheres.

O mito nos convida a uma reflexão: o casamento pode ser mais vantajoso para os homens do que para as mulheres, porque se configura como uma ferramenta de controle sobre o feminino. Outro elemento que é bem retratado pelo mito é a ideia de que, após a trama patriarcal dos homens ter sido bem-sucedida, o centro de gravidade das ações femininas passou a girar em torno da beleza, ou seja, agradar e atrair os homens, para neutralizá-las. É vitoriosa a artimanha de Exu para estimular de modo sistemático as orixás a buscar o ideal da forma física. Até hoje, o empenho das mulheres para serem bonitas é tão forte que as artes da guerra e a administração da sociedade se colocam em segundo plano. O que é muito mais uma pressão social masculina do que algo que reflete uma natureza feminina.

No mito, as estratégias masculinas visavam justamente neutralizar as mulheres. No imaginário feminino criou-se a ideia de que ser alvo da atenção e dos investimentos afetivos masculinos, ser a escolhida de um "rei" e disputar esse posto com outras mulheres é o desafio a ser vencido. Xangô representa opulência, riqueza, capacidade de comando e liderança. Nesse sentido, quando Iansã, Oxum e Obá desejam o mesmo orixá, é estabelecida uma diferença fundamental nas relações já assimétricas de gênero. Um homem é capaz de desistir de uma mulher em nome da fraternidade masculina. Já as mulheres que desejam o mesmo homem acabam gravitando em torno dele, aceitando papéis diferentes e submetendo-se à dependência. Portanto, é perigosa para as mulheres a "distração" diante do exercício de tornar-se bela "para os homens", uma noção criada pelo desejo masculino e pelas tramas patriarcais, não um sentimento intrinsecamente feminino.

A partir do mito, interpretamos que os homens mais poderosos são alvo predileto das mulheres e, no exercício afrodisíaco dessa troca simbólica, apenas as mais bonitas poderiam "decidir", "intervir" e "influenciar" a escolha masculina. A articulação dos orixás foi o estopim para dar fim à sororidade. A mitologia iorubá ensina que as mulheres que vivem como reféns da beleza perdem o poder de se articular solidariamente e assim favorecem o poder dos homens sobre si mesmas. Com o fim da sororidade — a capacidade de se articular, reunir e firmar um projeto de irmandade —, as mulheres passam a ser inimigas, o que só ajuda os homens a manter a supremacia, reforçando o sexismo, o patriarcado e o machismo.

O ESPELHO DE OXUM: O QUE UMA MULHER ENXERGA NO SEU REFLEXO?

A canção "É d'Oxum", de Gerônimo e Vevé Calazans, fala um pouco da orixá Oxum, em referência a Salvador, a capital da Bahia, onde, segundo a música, todas as pessoas estariam regidas pelo signo de Oxum. A orixá pode ser interpretada como um arquétipo que não faz acepção de gênero. Mas a questão neste tópico é a seguinte: considerando os papéis do espelho nos universos femininos, como Oxum nos ajuda a interpretar a relação da mulher com seu próprio reflexo? Uma fábula ocidental de fama internacional popularizou a frase de uma madrasta diante do espelho: "Espelho, espelho meu, existe alguém mais bela do que eu?". A pergunta da madrasta coloca a Branca de Neve como sua rival direta num concurso de beleza em função do amor do esposo, pai da enteada. Essa se tornou uma das questões mais recorrentes nas sociedades sexistas e patriarcais. As meninas, desde cedo, são socializadas para vencer concursos de beleza, como foi apresentado no primeiro capítulo. Um dos mitos básicos do mundo ocidental, exposto na disputa entre três deusas gregas, tem insistido em convocar as mulheres para uma relação difícil com o espelho. O mito de Oxum diz outra coisa.

Em poucas palavras, Xangô tinha diversas esposas. As prediletas eram Iansã e Oxum. As duas viviam em certa celeuma, um estranhamento constante que fazia que evitassem ficar juntas sem a presença de outras ou outros. Certa feita, Iansã se enfezou com Oxum e decidiu usar sua espada. A bela Oxum estava no lago banhando-se e só tinha seu espelho em mão. Por meio dele, Oxum enxergou a aproximação de Iansã e, recordando as bênçãos e orientações dadas por Obatalá, usou a luz do sol para cegar a guerreira e escapar.

O que a história diz? Oxum não usou o espelho somente para enxergar a si própria. Ela usou o espelho para refletir sobre o que estava ao seu redor. Assim, descobriu e se livrou dos perigos que a rondavam. Em outras palavras, o espelho deve ser um instrumento de intervenção na realidade, nunca pode ser uma ferramenta de intensificação do ego. Oxum ensina que a mulher pode usar o símbolo da vaidade como uma possibilidade de entrar na realidade de superação dos obstáculos.

O sexismo produz desvios de imagem prejudiciais à mulher, fazendo com que desvalorize a própria imagem e esteja especialmente atenta a qualquer defeito ou imperfeição. O espelho de Oxum trata dessas imagens distorcidas. A divindade provoca uma reavaliação da baixa autoestima produzida pelas sociedades patriarcais, patrilineares e pautadas na exploração e desvalia das mulheres. Ao mesmo tempo, convoca os homens a se enxergarem como potenciais agressores simbólicos e materiais.

Oxum mostra que é possível tomar o reflexo como uma potência defensiva. Nesse sentido, engana-se quem faz a leitura superficial de que o espelho da deusa serve para que ela cultive e aprofunde sua própria vaidade. O espelho é um signo que revela mais a respeito da reflexão sistemática diante da vida que um esforço para tornar-se bonita. Oxum apodera-se[14] para agir em favor de sua proteção contra outras mulheres e os homens que a atacam. À primeira vista, o espelho de Oxum pode ser lido como o signo da vaidade, a doce e sensual mulher que se ocupa preferencialmente das artimanhas das maquilagens faciais. Porém, Oxum se ocupa do que aqui chamamos de "maquilagens de guerra". Diante de um cenário hostil, um mundo de conflitos declarados e implícitos, seu espelho é uma arma de defesa. A sua inteligência mantém sua consciência e atenção alertas. A deusa que veste amarelo-ouro ensina e sintetiza que as mulheres devem recusar aquela pergunta que permeou as sociedades ocidentais por todo o século xx. Diante de uma mulher de sucesso, renomada por sua trajetória profissional, uma entrevistadora era capaz de perguntar algo como: "Ensine a receita de como ser bonita, mãe, esposa e uma executiva de sucesso? Como conseguir ter tudo isso ao mesmo tempo?". Ora, Oxum recusa essa pergunta, esse é o seu caráter revolucionário. O seu tom "mulherista"[15] invalida essa interrogação. Não se trata de saber por que uma mulher consegue estar bonita e realizar outras atividades escaldantes e extenuantes. A pergunta adequada seria: por que um homem não consegue ser pai, se manter bonito, ser um profissional de sucesso e um marido/namorado/companheiro notável?

"Como você concilia todos os aspectos de sua vida?", essa pergunta deve ser endereçada aos homens, não às mulheres. Porque o modelo da deusa Oxum já declara que uma mulher que incorpore simbolicamente essa potência da natureza no seu psiquismo saberá perfeitamente usar o espelho para muito

---

14. Investe poder a si mesma, o que difere de empoderar — receber autorização de outrem para ter poder.

15. O mulherismo é uma teoria e uma perspectiva de intervenção política que difere do feminismo. Primeiro, porque é de matriz afrocentrada e os pressupostos não partem de conflitos de gêneros diretos. Porque na dinâmica da cosmossensação iorubá, o mundo não é criado por um deus masculino; mas, por um encontro entre duas divindades: feminina e masculina.

além do registro da vaidade. O espelho é uma arma para mergulhar em si mesma, mas nunca para permanecer apenas em si. O espelho serve principalmente para enfrentar os desafios do mundo e a si mesma.

IANSÃ, A SENHORA DAS TEMPESTADES

Não são raras as representações de cultos afro-brasileiros de Iansã com a cor vermelha. Não é inadequado repetir que não estamos tratando de elementos religiosos exatamente, mas sim de componentes culturais numa dimensão, por assim dizer, laica. Dito isso, o que podemos falar sobre Iansã? Uma orixá popular no panteão iorubá, associada ao vento, à tempestade, à alegria, ao pensamento rápido. Em suas histórias percebemos os elementos que perpassam o arquétipo, tais como: vingança, coragem, ousadia de assumir uma paixão, capacidade de se dedicar com esmero em quaisquer atividades, facilidade para se comunicar, tendência a se lançar em relacionamentos diversos ao longo da vida. Enfim, em Iansã predomina a articulação dos elementos fogo e ar.

As histórias a seguir são versões livres, criadas especialmente para este livro.[16]

IANSÃ, A MOÇA-ELEFANTE

No seu nascimento, a mãe deixou a vida.
Diante da necessidade de ser cuidada pra crescer
Mesmo sem mãe, ela continuou querida
Sem saber se era pai ou padrasto ficou sob o cuidado de Odulecê.
O cuidado do homem com a menina era dedicado.
O tempo, como sempre, fez caminho, e a semente floresceu.

---

16. N.A.: Diferente dos mitos gregos, os mitos iorubás não estão escritos. Eles são aprendidos nos terreiros, de acordo com o grau de iniciação. Como neto de uma mãe de santo, tive a oportunidade de vivenciar vários relatos por um significativo período de minha vida e, por essa razão, consigo fazer essas reconstruções das histórias.

Odulecê se manteve adulto, mas a menina cresceu.
O olhar antes tinha som de cuidado.
Mas agora tinha tudo mudado.
A beleza dela virando mulher
Também virou o olhar do padrasto
Ele tentou deitar por cima dela, enquanto a moça dormia.
Assustada, retirou força do sobressalto.
Ela foi em disparada e só corria, corria.
No meio do caminho, havia pedras e rios
Foi nessa corrida suada que Iansã descobriu a magia.
Ela virou pedra e cacho de dendê.
Virava e desvirava, no fim sem saber o que fazer
Odulecê já estava quase chegando, estava perto.
Correndo, superando obstáculos, córregos e riachos.
Transformou-se em pedra, em cacho de dendê.
Sem saber o que fazer, num rompante:
Iansã se transformou num branco elefante
Odulecê não acreditou no que viu.
E, assustado, fugiu.

IANSÃ: A ORIGEM DO VENTO E DA TEMPESTADE

Ogum era marido de Iansã
O ferreiro fornecia armas para Oxaguiã.
Em guerra, Oxaguiã precisa de mais armas para lutar.
Seu exército carecia de espadas, lanças e escudos.
Ogum pediu calma: "O ferro se demora a forjar."
Oxaguiã tinha pressa e precisava de tudo.
Para ajudar o marido veio Iansã.
Ela soprava o fogo, o ferro derretia.
Foi então que se armou melhor Oxaguiã
Porque mais rápido as armas fazia Ogum
Com apoio do sopro de Iansã.
Oxaguiã foi agradecer e entrou em visgo
A seiva de beleza de Iansã encantou Oxaguiã
Sem saber o porquê, Oxaguiã despertou bem-querer em Iansã.

Na manhã seguinte, Ogum descobriu que Iansã fora embora.
O tempo andou como sempre, olhando para trás e escutando
As sombras do que o esperava à frente.
Então, Oxaguiã precisou de mais armas.
A necessidade de Oxaguiã o fez bater à porta de Ogum.
Então, Iansã soprou novamente, mesmo distante, ajudando a forjar o ferro
De seu assento soprou com vontade, mesmo estando em outra cidade
O sopro virou vento e tempestade.
Soprar o vento forte para não deixar o trabalho do ferreiro apagar.
E soprando de uma cidade para a outra, surgiram o vento e a tempestade.

IANSÃ E OGUM

Iansã vertia beleza encantadora
E inspirava um desejo de amor,
Principalmente em Xangô e Ogum.
Ela gostava de ser independente, vivendo
Seu mal, sua própria fome, sua dor e seu bem.
Por isso, ela não dava atenção a ninguém.
Ogum estava enamorado de Iansã
Decidiu segui-la, até para ele foi surpresa.
O instinto guerreiro junto com o afã
Trouxe uma só certeza.
Voltar tarde e sair cedo
Em função de descobrir de Iansã o segredo.
Num dia de sol brando, Ogum praticamente se vestia de sombra
Seguindo todos os passos de Iansã.
Ela vestiu uma roupa com chifres e virou uma búfala.
Depois, retirou a veste e surgiu linda,
Com turbante vermelho, colares e pulseiras alvirrubras,
Deixando a roupa de búfala num formigueiro.
Assim feito, seguiu para o mercado.
Ogum assistiu a tudo e tomou a trouxa de roupa.
No mercado, Ogum abordou Iansã e foi direto:
"Contigo quero me casar e fazer meu o teu lar."
Iansã recusou. Ogum disse sem piscar, volta que estarei a esperar.
Ao descobrir que sua veste de búfala tinha desaparecido, ela retornou.

Ogum disse:
— Estou feliz com teu retorno.
Iansã: — Me devolve minha roupa
Ogum: — Não sei do que falas, vem e casa-te comigo.
Iansã aceitou sabendo que Ogum mentia.
Ela pediu apenas três coisas:
Nunca revelar que ela era búfala.
Nunca fazer fogo com casca de dendê
Nunca passar pilão no chão da casa.
Ogum tinha várias esposas e exigiu boa relação.
O tempo sempre voou e Iansã teve nove filhos.
Tudo corria bem; mas, como de costume
A beleza de Iansã nas outras esposas virou ciúme
Uma delas, com toda a calma, embebedou o marido com vinho de palma.
Ogum, bêbado, acabou contando tudo
"Iansã é uma búfala, sua pele e seus chifres estão na casa de grãos."
As outras mulheres de Ogum caçoaram de Iansã e tudo contaram.
Irritada, ela foi à casa de grãos, vestiu-se e voltou matando todas.
Assustados, os nove filhos perguntavam: "Tu és nossa mãe?"
Iansã disse que sim e deixou um dos chifres para servir de apito.
Para os filhos soprarem e chamá-la em situação de perigo.

IANSÃ E O REINO DOS MORTO

Num festejo incandescente com todas as divindades
Vestido de capucho de palha, Omolu cruzava a terra dançando.
A bondade e a maldade lado a lado como sempre caminhando.
Sob o disfarce, nenhuma orixá se aventurava a dançar com Omolu.
Então, Iansã achegou-se com vagar e deu-se a bailar.
Iansã fez vento soprar dançando, e a palha espraiou premente
Deixando à vista a face da realeza do senhor da terra.
Então, todos os seres presentes tiveram uma surpresa
Ninguém imaginava de Omolu tanta beleza.
O senhor da terra gostou e Iansã aclamou.
A senhora dos ventos e das tempestades ganhou
O reino dos mortos e passou a ser a zeladora dos Eguns.

IANSÃ EM NOVE PARTES

Antes de ser desposada por Xangô,
Iansã vivia como esposa de Ogum.
Ela vivia com o ferreiro e o auxiliava.
Ogum presenteou Iansã com uma pequena vara de ferro.
A varinha tinha o poder de dividir
A mulher em nove partes e os homens em sete.
O poder, antes de posse de Ogum, foi compartilhado com a esposa Iansã.
Esposo e esposa de posse de um pedaço da vara.
Xangô morava na mesma aldeia e vivia entrando e saindo
Da casa de trabalho do ferreiro. Os olhares de Xangô cobiçavam Iansã.
Tonta de paixão, Iansã acompanhou Xangô para longe da casa de
                                                            [Ogum.
Como sempre foi caçador e guerreiro bravo, Ogum foi no encalço do casal.
Não custou carreira longa, com três sóis nascendo e descendo, Ogum
                                                            [chegou.
O caçador pegou sua vara de encanto e tocou Iansã.
Ela o tocou no mesmo instante com a sua. Tudo isso no meio de gente.
Assim, para a surpresa de Xangô, diante de gente em corre-corre,
Ogum ficou em sete partes; Iansã, em nove.

Esses versos aqui compilados sobre Iansã são apenas alguns dos muitos que descrevem a deusa de vermelho. Vale a pena se aprofundar na interpretação da última narrativa exposta acima.

O que significa dizer que Iansã foi dividida em nove partes, enquanto Ogum, em sete? Ora, podemos fazer uma divisão binária e ilustrativa que pretende diferenciar as condições feminina e masculina. Iansã é um arquétipo feminino guerreiro, mas representa também a capacidade potencial da mulher de ter dois quesitos exclusivos que os homens não têm. Ogum é a metáfora de que os homens possuem sete características-chaves. Ora, as mulheres possuem todas estas e duas a mais. Nesse sentido, podemos ler o mito de maneiras diversas. Porém, aqui vamos extrapolar um pouco as especificidades do modelo Iansã e fazer uma leitura genérica do "ser mulher" proposto por essas nove partes.

Aparentemente, essas ideias podem parecer naturalizações essencialistas. De qualquer modo, as duas "partes" extras de Iansã — por assim dizer — nas mulheres são: longevidade e mistério (da vida). Por razões diversas, sejam biológicas, histórico-sociais ou culturais, em todas as civilizações as mulheres vivem em média mais tempo do que os homens. O mistério da vida estaria mais acessível às mulheres do que aos homens, e não porque elas podem engravidar, mas porque são capazes de assumir que não existe como explicar e controlar a vida. O mundo escapa sempre ao nosso controle. Foram os homens que se atribuíram uma capacidade fantasiosa de dominar o meio ambiente, de mudar as coisas a seu bel-interesse. Os homens são, por isso, inevitavelmente mais frágeis e mais fracos: incapazes de assumir o mistério da existência.

Em vários estudos sobre o assunto, existe uma convergência: os homens se envolvem muito mais em situações de violência que as mulheres. As razões apontadas são psicológicas, sociais, históricas e culturais. Mas o mito de Iansã dividida em nove partes ensina o seguinte: além de menor longevidade, os homens não possuem a capacidade de experimentar o mistério. Por isso, contra a sua incapacidade de "reexistir" — resistir enquanto existem ou existir resistindo —, os homens tendem a atacar a vida. Iansã e Ogum compartilham sete partes (não vamos discorrer sobre elas), mas são as duas a mais que Iansã possui que fazem toda a diferença. Dessas duas "partes" apenas as mulheres desfrutam com um conforto que as tornaria realmente o ápice da condição humana.

EUÁ: A SENHORA DAS POSSIBILIDADES

Quem é Euá? Uma orixá que revela muito sobre a coragem. Podemos defini-la como a capacidade de enfrentar a morte. Para compor seu caráter multifacetado, vamos contar algumas versões que ajudam a compreender um pouco mais sobre ela, um arquétipo feminino que revela um tipo de mulher marcada fundamentalmente pela capacidade de enfrentar os desafios de frente. Dentre os versos que cantam os mitos de Euá, vale apresentar cinco histórias instigantes e reveladoras, que mostram alguns dos aspectos mais marcantes dessa orixá: indiscrição, expansividade, caráter falante e instabilidade.

PRIMEIRA HISTÓRIA

Certa feita, Orunmilá corria furtivamente, esgueirando-se entre bosques e cidades por dias incontáveis. Iku era seu perseguidor. Durante a fuga, Orunmilá avistou Euá banhando-se e lavando roupas no rio.

— Senhora, podes me esconder, por favor? — disse Orunmilá.

— Sim, entra nas roupas — respondeu Euá.

Em disparada, pouco tempo depois, Iku chegou ao lugar e perguntou:

— Sabes quem sou? Viste se alguém passou por aqui?

— Sim — disse Euá, encarando-o firmemente. — Tu és Iku, a morte. Sabes quem sou?

— Sim. És esposa de Obaluaê. Estimo-te muito respeito.

— Eu vi. Alguém passou por ali, na outra margem do rio.

Euá desejava ser mãe. E, depois de ajudar Orunmilá, o senhor dos segredos disse-lhe em pensamento: "O teu desejo de ser mãe se tornará realidade".

SEGUNDA HISTÓRIA

O rei de Oió, senhor da justiça e dono do trovão, enamorou-se de Euá, mas na época era casado com Iansã. Euá ficou encantada por Xangô, o rei reluzente. O encontro entre orixás se transformou numa relação amorosa. Tudo se deu em pouquíssimo tempo. Um tipo de paixão fulminante que uniu o fogo do trovão com a chuva intensa que inunda a terra. Esse romance ligeiro, sem pretensões de continuidade por parte de Xangô, era, por outro lado, a primeira paixão da virgem Euá.

O encontro foi cercado de gentilezas e cuidados de Xangô: o rei de Oió pegou Euá pela mão esquerda e conduziu-a em passos médios, sem pressa, para seu leito real. Mas Iansã, a esposa, acabou descobrindo tudo. Ela cuidava de tempestades, então seguiu para o reino transformada em raio de sua cidade até o reino de Oió. A guarda do reino foi avisada pela brisa que antecedia a ventania de que Iansã chegaria em breve. Quando foram acordar o rei e a jovem Euá, o sexo já estava consumado. Xangô pediu que Euá fosse para longe da ira de Iansã. Euá correu e, no meio do caminho, encontrou Ossãe, que chegara à cidade.

— A floresta resiste às maiores tempestades, lá quem reina é Oxóssi — disse Ossãe.

Euá fugiu para a floresta de Ketu; ajudada por Oxóssi, chegou chorosa. Mas logo foi acolhida pelo rei de Ketu. Lá ficou escondida da vingança de Iansã. Sob a proteção do grande caçador, tornou-se caçadora e guerreira.

TERCEIRA HISTÓRIA

Em uma das versões sobre a descendência de Nanã, após Omolu ter nascido, seguiram-se Oxumarê e Euá. Enquanto Oxumarê nasceu serpente do arco-íris, sinuoso e desenhado por todas as cores, orixá preenchido pelos sabores e dissabores de todo o colorido do mundo, para Euá sobrou o branco em tom lunar. Euá recebeu o governo das águas de chuva, enchentes e do desaguar comandado pela irmã lua. Ao contrário do irmão Oxumarê, Euá cresceu estável, dona de uma alegria constante. Uma firmeza representada pela coloração invariável que imana de sua cabeça.

QUARTA HISTÓRIA

A orixá Nanã teve três filhos e uma filha. Obaluaê, Oxumarê e Ossãe governavam o solo, a terra e o enraizamento das coisas. Fosse a porção de solo que retorna depois da vida (Obaluaê);

a terra onde o arco-íris pisa e ergue-se triunfante (Oxumarê); as ervas das entranhas terrestres (Ossãe). Por sua vez, Euá não geria a terra, o solo ou o verde vivo que subia do chão. Os poderes da orixá estavam no rio, no caudaloso curso das águas. A prosperidade era mais abundante na terra que nas águas. Então, Nanã desejava que alguém amparasse Euá. Orunmilá foi consultado e recebeu o pedido da mãe para saber o destino da filha. Orunmilá disse:

— O caminho de Euá? São muitos. Ela pode andar com pressa ou vagar suave. Ela tem o poder da fantasia, o poder de guerreira e encanta pela autoconfiança. Ela vai existir sempre, mas nenhum pretendente terá tudo o que ela necessita. Dessa forma, ela vai ajudar o reino a prosperar, em vez de ser desposada por um príncipe, por um rei ou por um guerreiro. Ela precisa vir a mim para entender o seu caminhar. Ela só poderá seguir se estiver confortável com o seu próprio destino. Vá, usa o pedido materno para que ela chegue até minha casa para receber indicações de seu próprio caminho.

Vários pretendentes chegavam até a casa de Nanã, pediam licença e cortejavam Euá. Quase todos brigaram entre si, usando espadas, arcos, flechas, escudos e lanças. Euá, diante do espetáculo mortal, não sabia decidir. Cada um tinha algo bonito, corajoso e valente. Mas nenhum deles tinha tudo junto e ao mesmo tempo. Às vezes, ela chegava num lampejo a escolher, mas o pretendente preferido era vencido por outro. O reino de Nanã tinha ficado triste e empobrecido. O sol castigava o solo, o verde perdera o viço. Diante desse terror espelhado nos olhos da mãe e dos irmãos, Euá sabia que deveria consultar Orunmilá. Nanã não queria nada dizer, suspeitava que Orunmilá proporia algum sacrifício para sua filha.

Em uma manhã em que o céu parecia ensaiar chuva e as nuvens se moviam como se fossem desaguar tempestade, Euá esperou. Nanã sentiu esperança, mas nada novo aconteceu. A seca castigava e todo o sinal das águas já tinha partido.

— Minha mãe, preciso ir até Orunmilá, não é isso? Afinal, a hora do meu casamento passou faz alguns sóis — perguntou Euá.

— Minha esperança continua — respondeu Nanã. — Teu marido há de chegar em breve.

— Pelo que fala o costume, se não chegar em até sete dias depois do dia certo, preciso ouvir Ifá. Penso que está na hora — Euá replicou.

— Não vai, espera sete dias. Vou procurar um caminho — assegurou a mãe.

No fundo de seu ori (cabeça) ouviu que não existia outro caminho que não fosse andar pelas estradas que tinham sido abertas. Não havia tempo para abrir uma nova. Não existiam estradas que não dessem na mesma floresta. Não havia chances de o solo voltar a florescer. Não existiam caminhos para Euá que não fossem aqueles que ela própria faria, sem depender de um marido.

Depois de sete dias, Euá disse à mãe que iria visitar Orunmilá. Nanã manteve-se calada, firme, apesar de preocupada. Pressentia que a escolha da filha seria boa para todo o reino. Então, por vontade própria, Euá seguiu até o senhor de Ifá. Lá chegando sentou-se e ouviu o que o jogo dizia. As instruções de ebós para Ifá foram seguidas à risca, cada parte foi feita com minúcias, sem mudar nenhum pedaço do que foi pedido. Depois disso, Euá foi perdendo a forma, desaparecendo, e evaporou-se aos poucos, deixando de ter corpo para assumir forma de névoa densa e branca bruma. Euá tornou-se névoa, uma neblina que foi espalhando-se pela terra. Ela passou a enriquecer o solo e zelar pelos amantes indecisos. O reino voltou a florescer, a chuva caiu em quantidade de sede que tinha a terra.

QUINTA HISTÓRIA

A beleza de Euá ganhou fama por toda parte. Reinos próximos e distantes enviavam-lhe pretendentes. As histórias sobre a sua castidade e aparência eram repetidas e chegavam com ventos e brisas. Dentre os orixás, Xangô passou a desejar Euá e forçou o nascer de uma ideia para trazer a si o bem-querer da bela. O orixá do trovão foi até o reino de Obatalá e Nanã, pai e mãe de Euá, para cuidar das flores e verduras. Xangô passou de rei de Oió a jardineiro de outro reino. Ele procurava insinuar-se sempre que Euá passava pelo jardim. A jovem orixá nunca tinha visto alguém com aquela presença, a estatura, ombros largos e a voz que trovejava. Tudo isso passou a ser constante em seus sonhos. Num momento em que chovia e o rio ao lado do palácio parecia transbordar, os orixás foram de pronto para o leito. O jardineiro espreitou pela janela a princesa, os olhares se tocavam insistentemente. Xangô foi até ela em passos revestidos de todo o silêncio possível. Num instante, o som do trovão fez o rio tremer. No dia seguinte, o sol veio até o céu, que estava limpo. A tempestade tinha passado e, com o seu fim, Euá percebeu que não tinha feito boa escolha. Xangô não a desposaria. Obatalá percebeu a mudança da jovem.

— Filha, o que queres? — perguntou.

— Pai, eu quero um lugar onde não veja nenhum orixá, nenhum pretendente.

Obatalá enviou a filha para o reino dos mortos. Euá passou a ser a senhora dos cemitérios, a responsável por entregar os cadáveres para Oiá e Obaluaê, que, por sua vez, os deixavam para Ocô alimentar-se.

SOBRE EUÁ

O que todas essas cinco histórias têm a dizer sobre Euá? O que este arquétipo ensina sobre a condição feminina? Euá é nome de um rio. O que se pode dizer de uma mulher que assume o arquétipo de Euá? Não seria suficiente dar uma resposta fácil que fosse um elenco de características. Mas podemos, de modo laico, apresentar uma descrição que nos ajude a compreender o arquétipo. Conforme a tradição iorubá, Euá é a orixá responsável por transformar água líquida em gasosa, criando nuvens e a chuva. A senhora das transformações orgânicas e inorgânicas, deusa do encanto, porque cuida das mutações. Nesse sentido, todos os versos em que Euá aparece como protagonista revelam mudanças, a saída de um estado para outro. Euá é mutável, o signo da transformação feminina. A orixá da chuva revela a capacidade de mudança. Ela é um tipo de signo da impermanência, uma qualidade que pode ser mais percebida em mulheres que encarnariam esse arquétipo. Porém, podemos pensar em Euá como uma manifestação que se dá em qualquer mulher que afirma: "Gosto de mudar, por isso cortei e pintei o cabelo".

Em termos de arquétipo, qual é o sentido de Euá? Aquela que enfrenta desafios, adapta-se de modo flexível às circunstâncias da vida. Euá personifica uma ideia interessante: para uma mulher passar por uma transformação radical não é preciso um trauma. O martírio pessoal, o holocausto de um povo e um acontecimento brutal e fora de série não são os prenúncios de uma mudança. Uma mulher pode mudar sua trajetória independentemente de um acontecimento traumático e radical. Sem dúvida, quando ouvimos histórias de mulheres que mudaram radicalmente os rumos de sua vida, encontramos relatos do tipo: "Fulana estava casada e durante dez, quinze ou vinte anos dependia economicamente do marido. Quando ele a 'abandonou', ela retomou os estudos imediatamente, encontrou um trabalho remunerado e hoje é uma das maiores profissionais de sua área". Ou, ainda: "Cicrana foi alvo de agressão doméstica do companheiro, mas atualmente é uma das maiores advogadas do país no campo de violência contra a mulher".

Euá ressalta mais as condições subjetivas da mulher que muda de vida, adaptando-se às novas circunstâncias em vez de focar no cenário externo. A potência feminina da divindade iorubá pretende ressaltar que uma mulher se transforma mais pelo compromisso que tem com o desenvolver-se a si mesma do que para responder a questões que são externas. O mais importante estaria na atitude da mulher que enfrenta as circunstâncias internas, o desamparo existencial. Euá é um convite radical para que a mulher reconheça que suas potencialidades não precisam estar vinculadas a responder aos anseios masculinos e às expectativas que não foram acordadas por ela. Numa sociedade sexista não é raro que as mulheres desejem atender a demandas que não são as suas, inclusive algumas que são contrárias a suas vontades pessoais. Euá é a deusa que representa a potência mutante da natureza: de repente, uma manhã de sol se transforma em garoa ou chuviscos matutinos num céu cinza. Ela é a assunção da estabilidade como um direito de expressar os sentimentos humanos que não se modificam somente pelo que determina o mundo exterior. Eis Euá: a mudança que vai de dentro e chega ao lado de fora.

OXUMARÊ: MULHER OU HOMEM? (HOMEM OU MULHER?)

> Não existe mente feminina. O cérebro não é um órgão sexual. Seria o mesmo que falar em fígado feminino.
>
> *Charlotte Perkins Gilman*

As narrativas sobre Oxumarê são poéticas e trazem à luz um tema incontornável: identidades de gênero. A bela narrativa fala de um(a) orixá que basicamente vive metade do tempo numa condição de gênero. Por diversas razões, Oxumarê é visto como um duplo. Às vezes, como um orixá masculino que se traveste de feminino. Mas, também existem versões em que Oxumarê é efetivamente feminino durante metade do ano, e masculino durante a outra metade. O nome Oxumarê remete ao sentido daquele(a) que se desloca com a chuva e tem fogo no punho. Essa divindade tem dois signos decisivos: o arco-íris e a serpente, operando por meio dos elementos ar e água.

Oxumarê pode ser visto como um mito muito promissor para a compreensão da diversidade sexual. Os estudos no campo das relações de gênero e sexualidade trouxeram muitas novidades no início do século XXI. Dentre as quais, a ideia de que a identidade de gênero, a orientação sexual e o sexo biológico não podem ser confundidos.

Em algumas versões, Oxumarê ressalta sua dimensão de arco-íris; em outras, de serpente.

Sempre que a chuva se demorava descendo à terra, molhando, alagando e interrompendo a prevalência do sol ou da lua, Oxumarê se irritava. Era comum que pegasse sua faca de bronze, apontasse para o céu em tom de ameaça. Nessas ocasiões, a chuva ia embora e o arco-íris a substituía. Certa feita, Olodumare[17] perdeu a vista; convidou Oxumarê, que foi cuidar de sua cegueira. Depois de curado, Olodumare não permitiu que Oxumarê voltasse à terra. Desde então, Oxumarê apenas visita a terra em forma de arco-íris.

Em outros versos, Oxumarê era um rapaz lindo e invejado pela sua beleza fenomenal. Sua bela face e seu corpo lindo, vestido de vestes com todas as cores do arco-íris, cintilavam no meio de qualquer multidão. Muitas mulheres e muitos homens se aproximavam dele com intenção de sedução, namoro ou casamento; mas Oxumarê preferia a solidão e, depois de tantas investidas em função de conquistá-lo, aprofundou seu andar solitário, passando a ser visto apenas em dias de chuva. Foi então que Xangô ficou mais encantado com o rapaz e preparou um convite-armadilha. Oxumarê aceitou o convite real. Chegando ao lugar para o qual tinha sido convidado, apresentou-se ao rei Xangô, e todas entradas foram fechadas. Então, Oxumarê ficou assustado, muito assustado. Tentou escapar seguidas vezes, corria de um lado para o outro, mas não teve êxito: portas e janelas estavam fechadas. Então, Oxumarê suplicou a Olorun por uma saída. Xangô tomou o rapaz num golpe e começou a imobilizá-lo, admirando sua beleza. Mas, antes que pudesse to-

---

17. Olodumare é um dos nomes do deus supremo, Olorun, também chamado de Olofin. Olodumare circunscreve o caráter de senhor supremo do destino indecifrável, consciência eterna dos caminhos de todos os seres.

cá-lo com a verga do desejo, com a concessão divina de Olorun, Oxumarê se transformou em serpente. Nesse instante, Xangô, assustado, deu um salto para trás. Dessa forma, Oxumarê escapou do assédio de Xangô. Com o passar do tempo, Oxumarê e Xangô se transformaram em orixás. Mas este nunca mais pôde se aproximar daquele que se transforma em serpente.

Essas duas histórias demonstram parte do caráter multifacetado de Oxumarê. O que nos interessa é pensar um pouco a respeito de uma aparente ambivalência. Oxumarê é masculino ou feminino? Em algumas ocasiões, uma coisa; noutras, o inverso. Efetivamente não importa aqui definir de modo cabal o "caráter sexual" de tal orixá. O arquétipo em jogo é um emaranhado de possibilidades. Oxumarê pode ser visto como a possibilidade das mulheres, assim como a dos homens, assumirem uma identidade que não esteja restrita ao sexo biológico. O interesse amoroso também não está necessariamente restrito a uma configuração que precise se constituir por uma aparente correspondência entre sexo biológico, direção e sentido do desejo afetivo-sexual e da identidade de gênero. Ou seja, a genitália não determina a orientação, e estas não podem definir a identificação de uma pessoa com atitudes e performances consideradas femininas ou masculinas. Em outras palavras, existiriam comportamentos que eram convencionalmente chamados de "coisas de mulher" e outros de "coisas de homem". Por exemplo, usar bolsa a tiracolo, usar maquiagem, salto alto, dentre outras coisas, são atitudes que têm sido vinculadas ao "comportamento de mulheres". Enquanto, usar carteira no bolso traseiro seria uma "coisa de homem". Desse modo, temos as performances, que podem ser entendidas como maneiras de agir, desempenhar um papel, uma função. Ou seja, ser-mulher não passaria de um tipo de papel, de construção social e cultural.

Não são poucas as filósofas e os filósofos que têm feito uma significativa caminhada para nos ajudar a compreender essa questão, assunto que foi transfigurado e até rechaçado pela ideia de que o sexo biológico determina a identidade de gênero e a orientação sexual. A estadunidense Judith Butler contribui bastante para o debate. O arquétipo de Oxumarê abre um canal de diálogo para pôr em xeque o que aqui chamamos de "ideologia de gênero" — uma perspectiva conservadora que não reconhece os dados reais de que o sexo biológico não estabelece o padrão de orientação e identidade de gênero.

Entre as teorias feministas e da teoria *queer*,[18] atualmente, o gênero (por exemplo, ser homem ou ser mulher) é visto como uma categoria histórica que foi socialmente e culturalmente construída. Ou, ainda, um tipo de ficção binarista que não consegue dar conta da realidade múltipla. Butler fala de performances de gênero. Por exemplo, durante muito tempo as calças "femininas" foram feitas sem bolsos traseiros, enquanto as calças "masculinas" tinham bolsos traseiros para acomodar carteiras feitas para homens. As meninas nasciam e tinham orelhas furadas, os meninos recebiam cortes curtos de cabelo desde o primeiro ano de vida. No contexto das sociedades ocidentais dominantes, a saia foi vedada aos homens durante quase todo o século xx. Durante muitos anos, os brinquedos foram classificados por gênero: feminino e masculino. As meninas vestiam preferencialmente rosa, recebiam bonecas e utensílios domésticos de presente; os meninos eram presenteados com carros de brinquedo, réplicas de ferramentas e super-heróis. Paul B. Preciado é um filósofo espanhol que investe em argu-

---

18. Teoria que rechaça a ideia de que os papéis sexuais são baseados em tipologias naturais. A identidade de gênero e a orientação sexual são construções sociais que são atravessadas por relações de poder. A teoria *queer* recusa a noção de "opção sexual", registrando a orientação sexual ou de gênero como um complexo que envolve relações de poder e entrecruzamento entre dispositivos sociais, a cultura e as bases históricas da sociedade em que as pessoas estão inseridas. *Queer* é uma palavra inglesa, usada por anglófonos desde o século xvi. Na Inglaterra, existia na cidade de Londres a "Queer Street", onde viviam, circulavam e conseguiam existir com mais segurança pessoas classificadas como vagabundos e vagabundas, prostitutas, pervertidos e pervertidas, devassos e devassas e congêneres. O termo ganhou o sentido de "viadinho" e "sapatão", com a prisão de Oscar Wilde, a primeira pessoa célebre a ser chamada de *queer*.

mentar contra as dicotomias de gênero, fazendo um manifesto de contrassexualidade, o que, em linhas gerais, significa romper com os binarismos.

Oxumarê é uma grande contribuição arquetípica porque questiona a ideologia de gênero. Por ideologia de gênero se deve entender uma leitura pré-concebida que atribui papéis fixos às pessoas de acordo com o sexo biológico. Judith Butler usa o termo "performance de gênero", isto é, o gênero é assumido individualmente através de papéis, gostos, costumes, comportamentos e representações. Ou seja, o gênero é um ato performativo, e não é possível reduzir essa categoria ao binarismo macho e fêmea. Sem dúvida, o mito de Oxumarê é muito importante para esse debate porque parece antecipar uma discussão que só foi tabulada com essa cosmossensação aproximadamente 3 mil anos depois. Oxumarê retrata a complexidade humana no terreno das identidades de gênero muito além do binarismo "mulher" e "homem". Afinal, basta observar o mundo para percebermos pessoas com mais de um gênero, as que possuem gênero fluido, as transgêneros, tais como *drag queens*[19] e *genderqueer*[20] — uma identidade multifacetada que rompe com a cisnormatividade, isto é, a identidade "encaixada" com o sexo biológico. Ter pênis não significa ser homem, tampouco ter útero e vagina faz de alguém mulher. Oxumarê coloca isso à luz do sol. Tal orixá pode ser tanto feminino quanto masculino porque justamente ressignifica os papéis de gênero. Ser mulher, ser homem, assim como a orientação sexual, não é algo dado e pronto. Isso é construído e moldado socialmente ao longo dos anos.

---

19. *Drag queen*, assim como *drag king*, uma pessoa que realiza performance a partir da incorporação de uma personagem feminina. *Drag king* se traveste e incorpora performances masculinas.

20. *Genderqueen* é um "termo guarda-chuva" (o qual, neste caso, embarca várias identidades diferentes dentro de si) para identidades de gênero que não sejam exclusivamente homem nem mulher e, portanto, estão fora do binário de gênero e da cisnormatividade

ALGUNS MITOS JUDAICO-CRISTÃOS

A Bíblia é parte significativa do arcabouço espiritual que sustenta, atravessa e constitui a cultura ocidental. Mas os antropólogos ocidentais ainda parecem melindrados em analisar a mitologia judaico-cristã — constrangimento que não surge quando o assunto são os mitos de outras religiões. Sem dúvida, é preciso abandonar esse constrangimento para podermos fazer uma rica incursão nos textos bíblicos. Uma das inspirações para nossa empreitada está nas considerações feitas por Andreia Maria Marques e Henrique Carneiro no artigo acadêmico *O milenar e o singular: a interpretação e a significação do mito do Gênesis e da Horda Primitiva na construção do poder masculino.*

LILITH E EVA: REBELDIA E SUBMISSÃO

No primeiro livro da Bíblia (Gênesis), há nos três capítulos iniciais, assim como no começo da Torá assírio-babilônica e hebraica, a estrutura de uma narrativa que descreve a criação do mundo, dos animais e do ser humano — ente que compartilha sua imagem e semelhança com Deus. Confira a seguir.

Gênesis 1

No princípio Deus criou os céus e a terra.
    Era a terra sem forma e vazia; trevas cobriam a face do abismo, e o Espírito de Deus se movia sobre a face das águas.

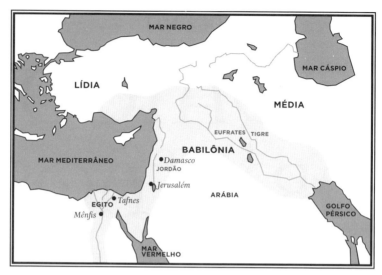

Mapa da Babilônia, berço da cultura judaico-cristã.

Disse Deus: "Haja luz", e houve luz. Deus viu que a luz era boa, e separou a luz das trevas. Deus chamou à luz dia, e às trevas chamou noite. Passaram-se a tarde e a manhã; esse foi o primeiro dia.

Depois disse Deus: "Haja entre as águas um firmamento que separe águas de águas". Então Deus fez o firmamento e separou as águas que ficaram abaixo do firmamento das que ficaram por cima. E assim foi. Ao firmamento Deus chamou céu. Passaram-se a tarde e a manhã; esse foi o segundo dia.

E disse Deus: "Ajuntem-se num só lugar as águas que estão debaixo do céu, e apareça a parte seca". E assim foi. À parte seca Deus chamou terra, e chamou mares ao conjunto das águas. E Deus viu que ficou bom.

Então disse Deus: "Cubra-se a terra de vegetação: plantas que deem sementes e árvores cujos frutos produzam sementes de acordo com as suas espécies". E assim foi. A terra fez brotar a vegetação: plantas que dão sementes de acordo com as suas espécies, e árvores cujos frutos produzem sementes de acordo com as suas espécies. E Deus viu que ficou bom. Passaram-se a tarde e a manhã; esse foi o terceiro dia.

Disse Deus: "Haja luminares no firmamento do céu para separar o dia da noite. Sirvam eles de sinais para marcar estações, dias e anos, e sirvam de luminares no firmamento do céu para iluminar a terra". E assim foi. Deus fez os dois grandes luminares: o maior para governar o dia e o menor para governar a noite; fez também as estrelas. Deus os colocou no firmamento do céu para iluminar a terra, governar o dia e a noite, e separar a luz das trevas. E Deus viu que ficou bom. Passaram-se a tarde e a manhã; esse foi o quarto dia.

Disse também Deus: "Encham-se as águas de seres vivos, e voem as aves sobre a terra, sob o firmamento do céu". Assim Deus criou os grandes animais aquáticos e os demais seres vivos que povoam as águas, de acordo com as suas espécies; e todas as aves, de acordo com as suas espécies. E Deus viu que ficou bom. Então Deus os abençoou, dizendo: "Sejam férteis e multipliquem-se! Encham as águas dos mares! E multipliquem-se as aves na terra". Passaram-se a tarde e a manhã; esse foi o quinto dia.

E disse Deus: "Produza a terra seres vivos de acordo com as suas espécies: rebanhos domésticos, animais selvagens e os demais seres vivos da terra, cada um de acordo com a sua espécie". E assim foi. Deus fez os animais selvagens de acordo com as suas espécies, os rebanhos domésticos de acordo com as suas espécies, e os demais seres vivos da terra de acordo com as suas espécies. E Deus viu que ficou bom.

Então disse Deus: "Façamos o homem à nossa imagem, conforme a nossa semelhança. Domine ele sobre os peixes do mar, sobre as aves do céu, sobre os grandes animais de toda a terra e sobre todos os pequenos animais que se movem rente ao chão".

Criou Deus o homem à sua imagem, à imagem de Deus o criou; homem e mulher os criou.

Deus os abençoou, e lhes disse: "Sejam férteis e multipliquem-se! Encham e subjuguem a terra! Dominem sobre os peixes do mar, sobre as aves do céu e sobre todos os animais que se movem pela terra".

Disse Deus: "Eis que lhes dou todas as plantas que nascem em toda a terra e produzem sementes, e todas as árvores que dão frutos com sementes. Elas servirão de alimento para vocês. E dou todos os vegetais como alimento a tudo o que tem em si fôlego de vida: a todos os grandes animais da terra, a todas as aves do céu e a todas as criaturas que se movem rente ao chão". E assim foi.

E Deus viu tudo o que havia feito, e tudo havia ficado muito bom. Passaram-se a tarde e a manhã; esse foi o sexto dia.[21]

Gênesis 2

Assim foram concluídos os céus e a terra, e tudo o que neles há.

No sétimo dia Deus já havia concluído a obra que realizara, e nesse dia descansou. Abençoou Deus o sétimo dia e o santificou, porque nele descansou de toda a obra que realizara na criação.

A Origem da Humanidade

Esta é a história das origens dos céus e da terra, no tempo em que foram criados:

Quando o SENHOR Deus fez a terra e os céus, ainda não tinha brotado nenhum arbusto no campo, e nenhuma planta havia germinado, porque o SENHOR Deus ainda não tinha feito chover sobre a terra, e também não havia homem para cultivar o solo. Todavia brotava água da terra e irrigava toda a superfície do solo. Então o SENHOR Deus formou o homem do pó da terra e soprou em suas narinas o fôlego de vida, e o homem se tornou um ser vivente.

Ora, o SENHOR Deus tinha plantado um jardim no Éden, para os lados do leste, e ali colocou o homem que formara. Então o SENHOR Deus fez nascer do solo todo tipo de árvores agradáveis aos olhos e boas para alimento. E no meio do jardim estavam a árvore da vida e a árvore do conhecimento do bem e do mal.

No Éden nascia um rio que irrigava o jardim, e depois se dividia em quatro. O nome do primeiro é Pisom. Ele percorre

---

21. A versão utilizada em todas as citações do texto bíblico é a Nova Versão Internacional exceto quando indicado o contrário.

toda a terra de Havilá, onde existe ouro. O ouro daquela terra é excelente; lá também existem o bdélio e a pedra de ônix. O segundo, que percorre toda a terra de Cuxe, é o Giom. O terceiro, que corre pelo lado leste da Assíria, é o Tigre. E o quarto rio é o Eufrates.

O Senhor Deus colocou o homem no jardim do Éden para cuidar dele e cultivá-lo. E o Senhor Deus ordenou ao homem: "Coma livremente de qualquer árvore do jardim, mas não coma da árvore do conhecimento do bem e do mal, porque no dia em que dela comer, certamente você morrerá".

Então o Senhor Deus declarou: "Não é bom que o homem esteja só; farei para ele alguém que o auxilie e lhe corresponda". Depois que formou da terra todos os animais do campo e todas as aves do céu, o Senhor Deus os trouxe ao homem para ver como este lhes chamaria; e o nome que o homem desse a cada ser vivo, esse seria o seu nome. Assim o homem deu nomes a todos os rebanhos domésticos, às aves do céu e a todos os animais selvagens. Todavia não se encontrou para o homem alguém que o auxiliasse e lhe correspondesse.

Então o Senhor Deus fez o homem cair em profundo sono e, enquanto este dormia, tirou-lhe uma das costelas, fechando o lugar com carne. Com a costela que havia tirado do homem, o Senhor Deus fez uma mulher e a levou até ele. Disse então o homem:

"Esta, sim, é osso dos meus ossos e carne da minha carne! Ela será chamada mulher, porque do homem foi tirada".

Por essa razão, o homem deixará pai e mãe e se unirá à sua mulher, e eles se tornarão uma só carne.

O homem e sua mulher viviam nus, e não sentiam vergonha.

Gênesis 3

O Relato da Queda

Ora, a serpente era o mais astuto de todos os animais selvagens que o Senhor Deus tinha feito. E ela perguntou à mulher:

"Foi isto mesmo que Deus disse: 'Não comam de nenhum fruto das árvores do jardim'?"

Respondeu a mulher à serpente: "Podemos comer do fruto das árvores do jardim, mas Deus disse: 'Não comam do fruto da árvore que está no meio do jardim, nem toquem nele; do contrário vocês morrerão'".

Disse a serpente à mulher: "Certamente não morrerão! Deus sabe que, no dia em que dele comerem, seus olhos se abrirão, e vocês, como Deus, serão conhecedores do bem e do mal".

Quando a mulher viu que a árvore parecia agradável ao paladar, era atraente aos olhos e, além disso, desejável para dela se obter discernimento, tomou do seu fruto, comeu-o e o deu a seu marido, que comeu também. Os olhos dos dois se abriram, e perceberam que estavam nus; então juntaram folhas de figueira para cobrir-se.

Ouvindo o homem e sua mulher os passos do SENHOR Deus que andava pelo jardim quando soprava a brisa do dia, esconderam-se da presença do SENHOR Deus entre as árvores do jardim. Mas o SENHOR Deus chamou o homem, perguntando: "Onde está você?"

E ele respondeu: "Ouvi teus passos no jardim e fiquei com medo, porque estava nu; por isso me escondi".

E Deus perguntou: "Quem lhe disse que você estava nu? Você comeu do fruto da árvore da qual lhe proibi comer?"

Disse o homem: "Foi a mulher que me deste por companheira que me deu do fruto da árvore, e eu comi".

O SENHOR Deus perguntou então à mulher: "Que foi que você fez?"

Respondeu a mulher: "A serpente me enganou, e eu comi".

Então o SENHOR Deus declarou à serpente: "Uma vez que você fez isso, maldita é você entre todos os rebanhos domésticos e entre todos os animais selvagens! Sobre o seu ventre você rastejará, e pó comerá todos os dias da sua vida. Porei inimizade entre você e a mulher, entre a sua descendência e o descendente dela; este lhe ferirá a cabeça, e você lhe ferirá o calcanhar".

À mulher, ele declarou: "Multiplicarei grandemente o seu sofrimento na gravidez; com sofrimento você dará à luz filhos. Seu desejo será para o seu marido, e ele a dominará".

E ao homem declarou:

"Visto que você deu ouvidos à sua mulher e comeu do fruto da árvore da qual eu lhe ordenara que não comesse, maldita é a terra por sua causa; com sofrimento você se alimentará dela todos os dias da sua vida. Ela lhe dará espinhos e ervas daninhas, e você terá que alimentar-se das plantas do campo. Com o suor do seu rosto você comerá o seu pão, até que volte à terra, visto que dela foi tirado; porque você é pó, e ao pó voltará".

Adão deu à sua mulher o nome de Eva, pois ela seria mãe de toda a humanidade. O Senhor Deus fez roupas de pele e com elas vestiu Adão e sua mulher.

Então disse o Senhor Deus: "Agora o homem se tornou como um de nós, conhecendo o bem e o mal. Não se deve, pois, permitir que ele tome também do fruto da árvore da vida e o coma, e viva para sempre". Por isso o Senhor Deus o mandou embora do jardim do Éden para cultivar o solo do qual fora tirado. Depois de expulsar o homem, colocou a leste do jardim do Éden querubins e uma espada flamejante que se movia, guardando o caminho para a árvore da vida.

Agora vejamos os seguintes versículos:

1) "Criou Deus o homem à sua imagem, à imagem de Deus o criou; homem e mulher os criou." (Gênesis 1:27)
2) "Então o senhor Deus declarou: 'Não é bom que o homem esteja só; farei para ele alguém que o auxilie e lhe corresponda.'" (Gênesis 2:18)
3) "Então, o senhor Deus fez o homem cair em profundo sono e, enquanto este dormia, tirou-lhe uma das costelas, fechando o lugar com carne. Com a costela que havia tirado do homem, o senhor Deus fez uma mulher e a levou até ele. Disse então o homem: 'Esta, sim, é osso dos meus ossos e carne da minha carne! Ela será chamada mulher, porque do homem foi tirada.'" (Gênesis 2:21-24)

Convido leitoras e leitores a uma reconstrução da trama citada. Primeiro, em Gênesis 1:27, parece explícito que Deus criou homem e mulher. Em 2:18, Deus afirma que criaria uma "auxiliadora" que lhe correspondesse. A hipótese de que uma mulher anterior já tivesse sido companheira de Adão aparece em certas edições da Bíblia (como a King James Atualizada e a NVI, utilizada neste livro). Quando vê Eva, o varão diz: "Esta, sim, é osso dos meus ossos", ou seja, talvez tenha existido outra. Essa primeira, ao que tudo indica, não foi feita da costela de Adão, mas sim da mesma terra que o varão tinha sido feito.

Estudos iconográficos reconhecem que, entre os registros mais antigos, pode-se encontrar a figura de Lilith nas gravuras dos amuletos de Arslan Tash, relíquias que datam do século VII a.C. Alguns historiadores argumentam também que Lilith é mencionada ainda antes, na demonologia suméria, 3.000 anos a.C., assim como na Épica de Gilgamesh, poema mesopotâmio de 2.100 a.C., no qual há uma possível menção a Lilith como um demônio. No entanto, é importante registrar que, nas culturas da antiguidade, "demônio", em geral, significava somente um gênio sobrenatural tanto bom quanto mau. De qualquer modo, Lilith já era conhecida antes de compilarem o Gênesis, o que reforça a teoria de que foi propositalmente "apagada da história".

A PRIMEIRA MULHER: A PRIMEIRA REBELDE

Em textos apócrifos[22] e no Talmude, conjunto de tratados judaicos publicado em 499 a.C., é possível encontrar comentários diversos com a interpretação corrente sobre o tema. De acordo com estudos, o Alfabeto de Ben Sirá é um conjunto de textos que foram escritos durante a Idade Média, um material

---

22. Os textos apócrifos são escritos sem endosso da autoridade canônica, o que faz com que sejam alvo de debates teológicos, políticos e ideológicos sobre o porquê de alguns textos que se encaixariam nas narrativas religiosas serem excluídos.

anônimo que faz menção a várias passagens bíblicas. Sem dúvida, esse texto pode ser questionado em relação à sua filiação judaico-cristã. Porém, o texto escrito em aramaico e hebraico pertence a um gênero da literatura rabínica. O caráter de paródia e sátira do material não o invalida como sendo uma autêntica referência de matriz judaica. A diferença do Alfabeto de Ben Sirá para outros textos judaicos está no teor. Midrash e o Talmude são escritos que tratam de assuntos teológicos e de lei, enquanto o referido Alfabeto fala de questões morais. Neste sentido, consideramos enriquecedor usar fontes diversas para aprofundar a leitura do tema. No Alfabeto de Bem Sirá encontramos Lilith junto de Adão. Lilith foi criada a partir do barro, junto a Adão. Portanto, *antes* de Eva. Porém, Lilith se negou a deitar sob Adão durante o sexo por não se sentir inferior e, em protesto, abandonou voluntariamente o Éden. Dito de outra maneira, na cultura popular judaica fica explícito que a atitude de Lilith é de resistência ao domínio de Adão.

A recusa de Lilith em reconhecer a superioridade masculina é um obstáculo às religiões patriarcais. E as versões hegemônicas do judaísmo e do cristianismo mantêm até hoje uma estrutura patriarcal. Não é raro que a plateia, em uma celebração religiosa, consista majoritariamente de mulheres e os pregadores sejam homens. O papel de liderança permanece masculino. Sem dúvida, a personagem mítica Lilith seria uma ameaça à norma de submissão feminina nas religiões patriarcais.

Um motivo para Lilith ter desaparecido de Gênesis é histórico e também político. Durante os séculos VII e VI a.C., os hebreus, patriarcas da tradição judaico-cristã, ficaram exilados na Babilônia. Durante esse período, os babilônios passaram a adorar Lilith e cultuá-la como deusa da fertilidade. Por ser adorada por seus captores babilônicos, pode ser que os hebreus tenham retirado Lilith do mito de criação da humanidade e subsequentemente do Gênesis dos judeus, e posteriormente de católicos e de protestantes? O antropólogo Roque de Barros Laraia, da Universidade de Brasília (UnB), traz esse debate em um artigo acadêmico intitulado *Jardim do Éden revisitado*. Aqui não vamos conjecturar a esse respeito. Mas, vale a pena registrar que existem estudiosos que discordam sobre a edição dos textos bíblicos. Alguns apresentam razões para que afirmemos que houve mudanças em períodos como o Concílio de Niceia no ano 325 – organizado pelo Imperador Constantino para produzir um consenso sobre a cristandade –, enquanto outros discordam enfaticamente a esse respeito.

Lilith também é citada no livro de Isaías. Porém, ao longo de diversas traduções, seu nome foi sendo suprimido até se transformar em "animal noturno" ou "coruja". Só algumas das traduções que usam como base os textos em hebraico (mais antigos) mantêm a explícita menção a "Lilith" em Isaías 34. Nesse trecho, o profeta descreve como a ira de Deus destruirá a Babilônia e, na terra desolada, Lilith encontrará finalmente repouso. Pode ser que o profeta conhecesse a figura da "primeira mulher" e reconhecesse que sua jornada solitária chegaria ao fim quando Deus acabasse com a iniquidade do mundo. Textos hebraicos e rendições artísticas de Lilith a descrevem como uma mulher alada e serpentina. Então, também é possível associá-la à figura da serpente alada do Éden, um ser que leva à desobediência.

A Igreja Católica Apostólica Romana, em particular, apagou definitivamente a única menção a Lilith dentro da Bíblia na metade do século XVI, durante o Concílio de Trento. Nele, a Igreja decidiu tornar "oficial" a Bíblia Vulgata, uma tradução para o latim do século IV que já havia trocado a palavra "Lilith" em Isaías 34 por "íbis". A adoção de uma versão da Bíblia que já tinha dado sumiço em Lilith permitiu que esta fosse aos poucos desaparecendo da tradição católica. Os motivos podem ser variados. Aqui, não cabem conjecturas sobre as reais razões de um acontecimento historicamente comprovado. Nossa hipótese segue a mesma linha de raciocínio iniciada neste capítulo. Se Lilith ameaça o postulado do patriarcado, a menção a ela e o reconhecimento de sua presença podem trazer muitos transtornos. A melhor forma de lidar com uma adversária tão poderosa é anulando sua existência. Ao apagar um inimigo da história, o adversário vence a disputa com uma contundência fora do comum. A Igreja Católica Apostólica Romana apostou no patriarcado e preferiu confirmar apenas Eva como raiz primordial da essência feminina, evitando que a autonomia e o sentimento de igualdade entre os gêneros animassem as almas femininas. Mas nada é suficientemente contundente que nos permita ter uma perspectiva incontestável quando o assunto são os textos antigos. Para alguns pesquisadores, a "incoerência" entre o primeiro e o segundo capítulo de Gênesis seria reflexo da tentativa de juntar dois mitos de criação em um livro só, e não sinais de que parte dele foi "apagado". Nessa perspectiva, o problema principal é que Gênesis é uma compilação de trechos de versões diferentes de mitos de criação. E que, como todo texto, está aberto a interpretações. É um livro sem "versão" definitiva, fruto de muitas traduções. O mesmo podemos dizer do livro de Isaías, traduzido e "reescrito" várias vezes. De qualquer modo, o primeiro capítulo de Gênesis pode ser visto como um resumo geral da criação do mundo; o segundo, como um detalhamento do primeiro.

Em se tratando das relações entre a figura da cultura judaica Lilith e as civilizações pré-cristãs, todas são contestáveis. Alguns consideram falsificações os amuletos de Arslan Tash. A passagem da Épica de Gilgamesh que cita Lilith pode ser uma adição do século VI a.C., e seu significado permanece incerto.

O único texto que, de fato, menciona Lilith como a primeira mulher de Adão é o Alfabeto de Ben Sirá, do século VII, que alguns consideram satírico, embora faça parte do Talmude. Seria justamente esse texto que embasaria a passagem que diz que Deus criou macho e fêmea da mesma terra, do mesmo barro. Deus teria feito Adão e Lilith do mesmo húmus. Portanto, o ser humano — a criatura que veio do húmus — seria originalmente composto de dois sexos, de modo paritário. Por ter o mesmo grau de humanidade de Adão, Lilith não poderia aceitar a dominação masculina, o que é diferente no caso de Eva. Afinal, considerando que a segunda mulher foi feita da costela de Adão, ela pertenceria a uma segunda classe de seres humanos.

DIREITOS IGUAIS PARA MULHERES E HOMENS

As narrativas que falam de Lilith indicam que o conflito entre o primeiro casal não se resolveu espontaneamente. No decorrer do tempo, a situação ficou ainda mais grave: Lilith exigia a divisão equânime do trabalho e dos prazeres. Algumas leituras feministas sustentam que o mito propõe a insubmissão de Lilith em um gesto: ela exige estar sobre o homem durante o intercurso sexual. Aceita estar debaixo de Adão, mas recusa que essa seja a única posição. A razão é simples: dirigir seu próprio prazer, alcançar o gozo como dona do próprio corpo.

Diante dessa exigência, Adão teria dado duas opções a Lilith: aceitar a submissão ou deixar o Éden. Pelo uso da força, reitera que Lilith deve se submeter. Aqui, podemos encontrar duas possibilidades, segundo pesquisadores: 1) Lilith escolhe deixar o Éden; 2) Adão expulsa Lilith. De qualquer modo, Lilith separa-se de Adão. E essa primeira separação teria sido motivada pelo desejo de controle e dominação masculina sobre a mulher.

Diante da solidão de Adão, Deus criou Eva. Uma comparação entre Lilith e Eva traz uma informação decisiva. Criado diretamente por Deus, Adão foi a causa material da obra divina, o que lhe dava ascendência sobre a segunda mulher, criada a partir de sua costela. Privilégio que ele não tinha com relação a Lilith, mulher autônoma, criada diretamente por Deus. Eva confirma a submissão por haver nascido do homem. Tal hipótese foi a que teria feito Lilith ser apagada da Bíblia e aparecer somente no livro de Isaías como um demônio. "E as feras do deserto se encontrarão com hienas; e o sátiro clamará ao seu companheiro; e [Lilith] pousará ali, e achará lugar de repouso para si" (Isaías 34:14). Lilith é a mulher que aparece como um demônio, uma rebelde diante das ordens divinas. Nesse caso, a subversão dela foi contra a ordem estabelecida das relações de gênero. O caráter demoníaco está justamente em sua insurgência contra a dominação masculina.

EVA, PECADO E SUBMISSÃO FEMININA

Eva representa a mulher que assume a submissão como modo de vida. Apesar disso, ela também demonstra a desobediência à ordem divina, uma ruptura diante da harmonia da natureza. Eva, ou seja, a mulher, aparece como aquela que inaugura o conhecimento, o início da desordem e aquela que dá o primeiro passo depois da serpente para a "queda".

A expulsão do jardim do Éden na mitologia judaica tem início com uma cena parecida com o mito grego da caixa de Pandora. Na mitologia helênica, Pandora é a responsável por abrir a caixa em que estavam todos os males que assolam a humanidade. No mito, Pandora, cheia de curiosidade, não aceita as recomendações de Epimeteu e abre a caixa de presente de Zeus, deus supremo do Olimpo, libertando a guerra, a fome, a velhice e a discórdia, entre outros males. Diante do espanto que acomete Pandora ao ver esses vultos malévolos saírem da caixa, ela a fecha para evitar mais problemas. No entanto, mantém apenas a esperança fechada.

Em certa medida, no terceiro capítulo de Gênesis reencontra-se essa trama. Deus ordenou que a mulher e o homem não comessem o fruto da árvore localizada no centro do Éden, mas a serpente, o animal mais astuto do jardim, convenceu a mulher de que, ao comer do fruto proibido, teria os mesmos poderes de Deus. A mulher come e "induz" o homem a fazer o mesmo. Com isso, sobre ela recai uma maldição divina. "À mulher ele declarou: Multiplicarei grandemente o seu sofrimento na gravidez; com sofrimento você dará à luz filhos. Seu desejo será para o seu marido, e ele a dominará." (Gênesis 3:16).

Vemos aí uma das matrizes da ideia de que as mulheres são, por natureza, manipuladoras. Eva é por excelência o modelo da manipulação, a mulher que nos papéis de esposa e mãe organiza de modo sistemático a dicotomia entre os gêneros. A mulher seria manipuladora e dissimulada por excelência, e essas artes da malícia são desprezíveis segundo o texto bíblico. O homem mais malicioso não alcança uma mulher nessa artimanha. "Toda malícia é leve [leia-se 'masculina'], comparada com a malícia de uma mulher; que a sorte dos pecadores caia sobre ela" (Eclesiástico 25:26, Bíblia Ave Maria).

O texto bíblico é enfático ao estabelecer a penalidade da mulher. Em Gênesis, a punição divina faz com que o desejo da mulher fique submetido ao do homem, sendo mais fraco. No texto bíblico, aparece a palavra hebraica *shuq*, que remete à noção de "ter um intenso desejo por uma coisa". Isso revela que o intenso desejo sexual seria característica de Adão, ou seja, do homem. A mulher, ser passivo, supostamente não teria o mesmo apetite. Outro aspecto importante da punição à mulher é a dor do parto, com risco de morte. Em 1Tessalonicenses 5:3, as dores do parto são comparadas com as mais terríveis. Os horrores da destruição do Juízo Final são descritos como "as dores de parto à mulher grávida; e de modo nenhum [as pessoas] escaparão.". Mesmo que em João 16:21 a alegria do nascimento de uma criança seja recompensadora, a passagem diz: "A mulher que está dando à luz sente dores, porque chegou a sua hora".

Na Bíblia, as dores do parto são posteriores ao pecado original. Quando lemos "Sejam férteis e multipliquem-se!", em Gênesis 1:28, não existe alusão à dor. A dor explícita como punição ao ser feminino aparece depois e junta-se à submissão sexual e à necessidade de buscar o recato — o que só pode ser feito mediante a obediência feminina ao homem.

A dicotomia estabelecida entre homem e mulher, Adão e Eva, combina simetria com hierarquia. Ou seja, uma parte (masculina) representa o comando, e a outra (feminina), a parte que deve ser comandada e submeter-se ao homem. Com efeito, o feminino representaria o oposto complementar e inferior do masculino. Dentro da tradição judaico-cristã, isso indica que a mulher deve submissão ao homem naturalmente. As duas metades perfeitas e complementares não são iguais, e a diferença não é lida como desprovida de hierarquia.

Apesar de contribuir ativamente para a realização do pecado original, Eva representa a mulher ideal, especialmente se for comparada com Lilith. Primeiro porque Eva retrata o oposto complementar do masculino, encarna a dicotomia perfeita. Ela representa passividade, dependência, sentimentalismo. O mito de Eva — como modelo de submissão feminina — está presente em toda a Bíblia: "A mulher deve aprender em silêncio, com toda a sujeição. Não permito que a mulher ensine, nem que tenha autoridade sobre o homem. Esteja, porém, em silêncio. Porque primeiro foi formado Adão, e depois Eva. E Adão não foi enganado, mas sim a mulher que, tendo sido enganada, tornou-se transgressora" (1Timóteo 2:11-14).

A passagem pode ser lida de diversos modos. Existem estudos teológicos que sugerem que o machismo não estaria presente nesse trecho que insiste na submissão feminina como um dado natural. Nessa visão, a submissão seria uma ordem funcional, cabendo à mulher o cuidado com a casa.

Contudo, a matriz patriarcal da cultura judaico-cristã é incontestável. A categoria "dona de casa" é atribuída à mulher como oposto complementar de "chefe de família", alcunha do homem. O que precisa ser debatido hoje é justamente o caráter fixo desse papel de "mulher" como sinônimo de "esposa" e "mãe", a "dona de casa".

Vale mencionar que o termo "homem" não substitui a categoria "marido", mas "mulher" é usado como sinônimo de "esposa". Por quê? Porque a tese defendida na mitologia judaico-cristã é a de que o homem se torna esposo, a mulher nasce mulher. Em outros termos, a mulher nasce pronta e apta para exercer o seu papel. Não existem outros caminhos para percorrer que não sejam os já estipulados — o que, além de limitar seus movimentos e possibilidades, submete o sexo feminino aos desígnios aqui chamados de "culpa de Eva" e "herança de Eva".

A CULPA DE EVA

A mulher encarnaria o pecado porque foi por meio dela que o mal, a desobediência e a penalidade entraram no mundo humano. Ainda que estimulada por um anjo decaído, foi Eva — a mulher — que deu ouvido e colocou a curiosidade acima da obediência aos desígnios de Deus. Essa curiosidade feminina beira um comportamento infantil. A irresponsabilidade e o caráter pueril da mulher impedem que ela analise com racionalidade as consequências do seu ato.

No texto bíblico, a decisão de Adão — o homem — de desobedecer a Deus é vista de maneira diferente. O homem foi seduzido pela mulher. A responsabilidade masculina é de ordem secundária. Isso não quer dizer que ele fique desobrigado de sofrer as consequências. No entanto, ao homem cabe a cumplicidade no desenrolar do pecado; à mulher, a autoria, o protagonismo. Por essa razão, a pena da mulher é mais severa: a submissão. "Mulheres, sujeite-se cada uma a seu marido, como ao Senhor, pois o marido é o cabeça da mulher, como também Cristo é o cabeça da igreja, que é o seu corpo, do qual ele é o Salvador. Assim como a igreja está sujeita a Cristo, também as mulheres estejam em tudo sujeitas a seus maridos" (Efésios 5:22-24).

Segundo a tradição cultural judaico-cristã expressa nos mitos de Eva e Lilith, a mulher deve assumir a culpa pelo pecado original, já que ela seduziu Adão, retirando-o de sua inocência. Em seguida, deve aceitar a submissão para ser desposada. A outra opção está em assumir o isolamento e ser recusada, como Lilith. Essa perspectiva é um suplício em vida por representar a mulher que nenhum homem deseja. Lilith simboliza a mulher que não consegue se casar ou manter um casamento ou, ainda, a mulher que não desperta o desejo masculino por ser terrível, um tipo de "demônio".

O que está em jogo? O mito de Lilith traz à luz uma mulher que exige equanimidade por afirmar ser feita da mesma substância que o homem, reiterando direitos sobre seu corpo, seu desejo, e sugerindo uma parceria. Mas a interpretação sexista enxerga culpa e castigo em acontecimentos naturais, contabilizando diferenças entre mulheres e homens, como a inferioridade feminina. A mulher, na condição de Eva, deve assumir a menstruação e o parto como penalidade e não como uma ligação com a natureza. Lilith, diferentemente de Eva, leva à problematização do machismo e da misoginia e abre caminhos para repensarmos nossas convicções (inconscientes) gestadas na formação sexista.

Ao longo da Bíblia, a autoria do pecado original traz muitos ônus para a mulher. O tratamento merece uma análise geral para situar a "herança de Eva". Primeiro, é preciso registrar que nem um livro bíblico é atribuído a alguma mulher. Mesmo livros que trazem mulheres como protagonistas, como Rute e Ester, não são atribuídos a uma autora. Todos foram escritos por homens. Esse fator não pode ser perdido de vista por quem deseja compreender de modo mais profundo e amplo como as narrativas bíblicas contribuem para pensamentos e ações machistas. Por exemplo, em diversos povos que aparecem no texto bíblico, a poligamia era um elemento comum e aceito. Não faltam personagens bíblicas como Jacó (teve quatro esposas), Davi (oito) e Salomão, que contou com um harém com mais de setecentas. Mas o que aqui recebe o nome de "herança de Eva" traz um tratamento punitivo bastante pesado às mulheres.

Moisés foi uma eminente figura, uma personagem bíblica muito importante pelo seu papel de libertar o povo hebreu do cativeiro egípcio e conduzi-lo nos primeiros passos à Terra Prometida. Em Números 12:1-15, encontramos uma divergência entre Moisés e seus irmãos Miriã e Arão. Diante da rebeldia, apenas Miriã é punida com lepra. Nada acontece com Arão. Por que apenas ela recebe a punição divina por sua rebeldia? Em certa medida, uma retomada da pena de Eva. A justiça divina foi mais severa com a mulher do que com o homem.

Em Juízes 19, há uma narrativa que ajuda a definir o valor que o povo hebreu dava às mulheres. Um homem levita, servidor fiel do templo de Deus, voltava para casa com a concubina, amante oficial, e foi acolhido na cidade de Gibeá por um homem velho que morava com a filha, jovem e virgem. Quando outros varões (homens) da cidade de Gibeá souberam que lá estava um levita, cercaram a porta da casa do velho e disseram: "Traga para fora o homem que entrou em sua casa para que tenhamos relações com ele!" (Juízes 19:22). A situação que se segue merece análise, sem dúvida, contextualizada, mas também criticamente examinada:

> Quando estavam entretidos, alguns vadios da cidade cercaram a casa. Esmurrando a porta, gritaram para o homem idoso, dono da casa: "Traga para fora o homem que entrou em sua casa para que tenhamos relações com ele!"
>
> O dono da casa saiu e lhes disse: "Não sejam tão perversos, meus amigos. Já que esse homem é meu hóspede, não cometam essa loucura. Vejam, aqui está minha filha virgem e a concubina do meu hóspede. Eu as trarei para vocês, e vocês poderão usá-las e fazer com elas o que quiserem. Mas, nada façam com esse homem, não cometam tal loucura!"
>
> Mas os homens não quiseram ouvi-lo. Então o levita mandou a sua concubina para fora, e eles a violentaram e abusaram dela a noite toda. Ao alvorecer a deixaram. Ao romper do dia a mulher voltou para a casa onde o seu senhor estava hospedado, caiu junto à porta e ali ficou até o dia clarear.
>
> Quando o seu senhor se levantou de manhã, abriu a porta da casa e saiu para prosseguir viagem, lá estava a sua concubina, caída à entrada da casa, com as mãos na soleira da porta. Ele lhe disse: "Levante-se, vamos!" Não houve resposta. Então o homem a pôs em seu jumento e foi para casa.
>
> Quando chegou, apanhou uma faca e cortou o corpo da sua concubina em doze partes, e as enviou a todas as regiões de Israel. Todos os que viram isso disseram: "Nunca se viu

nem se fez uma coisa dessas desde o dia em que os israelitas saíram do Egito. Pensem! Reflitam! Digam o que se deve fazer!" (Juízes 19:22-30)

O que dizer de um pai que oferece a filha para abuso e violência a fim de salvar um homem dedicado e fiel a Deus? Depois desse acontecimento, a população de Israel se revolta e mata os abusadores e pune o assassino da concubina. Há de se entender que o contexto histórico e social define valores morais, mas se percebe o baixo apreço pela mulher nessa sociedade. A base mítico-religiosa para a desvalorização feminina é muito poderosa e acaba por configurar nossas formas de pensar e agir. Na Bíblia, há outras passagens que atestam a herança de Eva: "Descobri que muito mais amarga que a morte é a mulher que serve de laço, cujo coração é uma armadilha e cujas mãos são correntes. O homem que agrada a Deus escapará dela, mas o pecador ela apanhará" (Eclesiastes 7:26).

Considerando que o mundo e a sociedade existem em função de Adão — o homem feito à imagem e semelhança de Deus —, Eva, a mulher, oriunda da costela, simboliza desejo e desvio. Na passagem que compara a mulher com o amargor da morte, está em jogo uma noção: seja com a submissa manipuladora e dissimulada Eva ou a rebelde e demoníaca Lilith, o homem corre perigo.

O sexismo explícito da Bíblia insiste em colocar a mulher em um plano inferiorizado ao mesmo tempo que a impõe uma culpa, fazendo do homem sua vítima. O mecanismo da inversão já está presente na desqualificação e na culpabilização femininas. Por mecanismo da inversão, deve-se entender que o grupo discriminado, vítima de algum preconceito, é estrategicamente apresentado como o culpado.

No caso do machismo, as bases bíblicas das heranças de Eva e Lilith fornecem uma perspectiva merecedora de análise. Em 16 de fevereiro de 2016, no País Basco, a juíza María Del Carmen Molina Mansilla, responsável pelo julgamento de um caso de violência sexual, perguntou à vítima: "Você tentou fechar as pernas?". Esse caso ilustra as críticas de que a mulher vítima de agressões é reposicionada como a "verdadeira culpada". Uma das bases míticas que está no inconsciente coletivo de mulheres e homens é justamente a natureza do pecado original associado ao caráter feminino.

EVA OU LILITH?

Entre Lilith e Eva não cabe exatamente uma escolha do tipo "a personagem mítica preferida". O importante é compreender como as referências e os mitos trazem à luz os modos de ser; avaliar como esses mitos organizam e servem para difundir e consolidar maneiras de a mulher se comportar, sentir, desejar, pensar e, sobretudo, se submeter ao homem sem contestação; ou, ainda, ser punida por se rebelar diante da autorização divina da soberania masculina "ele te governará" (Gênesis 3:16). Veja também o trecho a seguir:

> A tristeza do coração é uma chaga universal, e a maldade feminina é uma malícia consumada. Toda chaga, não, porém, a chaga do coração; toda malícia, não, porém, a malícia da mulher; toda vingança, não, porém, a que nos causam nossos adversários; toda vingança, não, porém, a de nossos inimigos. Não há veneno pior que o das serpentes; não há cólera que vença a da mulher. É melhor viver com um leão e um dragão, que morar com uma mulher maldosa. A malícia de uma mulher transtorna-lhe as feições, obscurece-lhe o olhar como o de um urso, e dá-lhe uma tez com a aparência de saco. Entre seus parentes, queixa-se o seu marido, e, ouvindo-os, suspira amargamente. Toda malícia é leve, comparada com a malícia de uma mulher; que a sorte dos pecadores caia sobre ela! Como uma ladeira arenosa aos pés de um ancião, assim é a mulher tagarela para um marido pacato. Não contemples a beleza de uma mulher, não cobices uma mulher pela sua beleza. Grandes são a cólera de uma mulher, sua audácia, sua desordem. Se a mulher tiver o mando, ela se erguerá contra o marido. Coração

abatido, semblante triste e chaga de coração: eis (o que faz) uma mulher maldosa. Mãos lânguidas, joelhos que se dobram: eis (o que faz) uma mulher que não traz felicidade ao seu marido. Foi pela mulher que começou o pecado, e é por causa dela que todos morremos. Não dês à tua água a mais ligeira abertura, nem à mulher maldosa a liberdade de sair a público. Se ela não andar sob a direção de tuas mãos, ela te cobrirá de vergonha na presença de teus inimigos. Separa-te do seu corpo, a fim de que não abuse sempre de ti.[23] (Eclesiástico 25:17-36).

No mito judaico-cristão, a malícia é mais comum na mulher do que no homem. O mesmo pode ser dito da vingança, que tem raízes mais profundas na mulher. Lilith e Eva são dois roteiros de feminino, dois modos de ser mulher. No entanto, apesar de Eva ser parcialmente coroada como esposa, ambas recebem sua sina. Não existe um modelo vitorioso. Lilith foi expulsa do Éden; Eva foi convidada compulsoriamente a viver com Adão, seu "carcereiro". O que esperar desses roteiros? Talvez aprendê-los possa ser uma motivação para desaprender as mais variadas armadilhas espalhadas em máscaras de Eva e Lilith em todas as sociedades ocidentais.

---

23. Texto na tradução da Bíblia Ave Maria.

ALGUNS MITOS
GUARANIS

Diferentes etnias compartilham língua, estrutura sociopolítica e costumes guarani. Esses povos historicamente ocupam parte de regiões como Argentina, Bolívia, Brasil e Paraguai. No Brasil contemporâneo vivem três povos guaranis: kaiowá, mbya e nhandeva, este último genericamente denominado guarani.

Na mitologia guarani, Nhanderu — o grande pai — criou as quatro primeiras divindades para dar suporte à criação do mundo e de seus habitantes. Jakaira habita o norte e tem sob seu domínio a origem dos ventos, a neblina. Karai, habitante do leste, é a divindade do fogo e dos ruídos. Nhamandu, divindade do sol e das palavras, mora no sul. Já Tupã, que mora no oeste, é o deus das águas, do mar e de todas as suas extensões, incluindo chuvas, relâmpagos e trovões.

Mapa da presença guarani na América do Sul

IARA

A estrutura da vida social e política dos povos guarani é inseparável da constelação mítico-religiosa. Dentre a vasta e complexa tradição guarani, vale registrar um de seus mitos mais conhecidos, Iara, considerada por estudiosos uma variação de Ypupiara, habitante das águas ou, ainda, senhor(a) das águas. Esse mito tem várias versões.

Cronistas portugueses dos séculos XVI e XVII registraram narrativas sobre uma personagem masculina chamada Ypupiara, homem-peixe que devorava pescadores. Câmara Cascudo, uma das maiores referências no estudo do folclore e dos mitos brasileiros, chega a levantar a hipótese de que a versão guarani seria uma adaptação dessa lenda. Como toda cultura é dinâmica e, mesmo eventualmente existindo referências europeias, a possível releitura que o povo guarani fez de um mito europeu não deve ser vista como uma mera adaptação.

No cenário mítico guarani, Nhanderu criou Iara para ela proteger o reino das águas, dos rios, dos lagos, da neblina e da cerração. Na narrativa, Iara era uma belíssima moça que vivia com a família. O pai, pajé do seu povo, tinha orgulho profundo da beleza, da coragem e da astúcia da filha. A mãe não fazia diferente: elogiava e cuidava dela como se fosse filha única. Os irmãos de Iara sentiam muito ciúme e inveja dela e tomaram uma decisão: matá-la para ter o amor dos pais só para si. Um dos motivos que reforçava tanto a inveja como o ciúme eram os olhos e ouvidos longos de Iara. Ela tinha uma capacidade fora do comum de enxergar, ouvir e perceber as coisas que estavam por acontecer. Ela tinha olhos "compridos" e ouvidos "longos".

Na manhã em que planejavam atacar a jovem, começaram a discutir de que forma o fariam. Com ciúme e inveja, seus corações estavam quentes como a fogueira que recebe lenha por muito tempo. O sangue dos rapazes fervia; os olhos de todos eles estavam vermelhos como urucum. Nessa situação, a "cegueira" ficara tão profunda, que tudo o que enxergavam se transformou na vontade de assassinar a irmã.

Ideias diferentes passaram a lutar entre si, todas buscando virar realidade. Cada irmão de Iara deu voz para uma delas. A primeira ideia: afogá-la. Mas como? Iara era uma nadadora fora do comum. A segunda ideia: feri-la mortalmente e colocar a culpa em um animal de caça. Mas como, se Iara era uma exímia caçadora? A terceira ideia: durante seu sono, sufocá-la sem deixar vestígios. Porém, Iara sempre teve sono leve e qualquer passo interrompia seus sonhos.

Ainda sem saberem como levariam o plano ao fim, decidiram que a matariam ao anoitecer. Mas Iara tinha bom ouvido e captou todas as palavras de seus irmãos. A moça decidiu rápido e, antes que fosse atacada, defendeu-se, flechando mortalmente todos os irmãos. Em seguida, fugiu.

No mesmo dia, o pai de Iara deu-se conta de que a morte de seus filhos era obra dela. O pajé sentiu uma tristeza mortal, mas transformou o pesar no dever de castigar a filha tão amada e a perseguiu por várias luas. Iara escondia-se porque amava o pai e não queria confrontá-lo. Ela dormia camuflada, misturada com a floresta e seus habitantes. A moça não temia onça nem cobra; o único medo era o pai. Tomada pela culpa, passava dias sem encontrar sono. Mantinha-se a maior parte do tempo em vigília, à espreita, pronta para se defender de um ataque.

Depois de sete ciclos de lua cheia, o pai encontrou Iara acampada entre árvores. Em uma manhã em que o sol chegou manso e a chuva fina da noite tinha se retirado, o dia fresco embalou o sono de Iara. Assim, o pai amarrou a própria filha, arrastou-a até o encontro voraz entre os rios Negro e Solimões. Iara acordou com a queda nas águas e desceu como uma pedra até as raízes dos rios.

O espírito das águas junto ao reino dos peixes protegeu Iara e a transformou em uma mulher-peixe. A partir de então, ela tem atraído homens para o fundo dos rios. Em geral, esses homens nunca retornam. Por isso, sua reputação permanece assustando quem passa pelo domínio de suas águas.

IARA: CIÚME, SEDUÇÃO E PROJEÇÃO

O mito tem elementos psicológicos e filosóficos explícitos. A tensão entre a irmã e os irmãos é uma dupla disputa. Por um lado, a tradicional briga pela atenção da mãe e do pai. Por outro, o foco é o gênero das pessoas envolvidas. Os irmãos estão em número indeterminado, mas, sempre no plural, são do sexo masculino, enquanto Iara, a única identificada com o gênero feminino, recebe explicitamente mais atenção do pai, um pajé, alguém com posição social de *status* simbólico, político e religioso. Em outras palavras, em um território onde o poder político é masculino, os irmãos de Iara estranham a escolha do pai, que parece preferir Iara como sucessora.

Os rapazes disputam quem será o sucessor do pai. No entanto, percebem que o maior rival não está entre eles. A adversária mais poderosa é Iara. A atenção paterna, do adulto que detém o poder, não deve ser lida apenas como cuidado ou preferência, mas também como uma possibilidade de escolha política para assumir um lugar de destaque. Ainda que a oportunidade efetiva de Iara assumir uma posição de liderança e comando fosse apenas uma suspeita dos irmãos, esse sentimento é suficiente para criar um cenário trágico.

O que significa dizer que a remota chance de perderem o posto de comando para uma mulher faz com que fiquem extremamente irritados e busquem uma alternativa, planejando matar Iara. Com efeito, Iara é alvo de violência dos homens com quem tem proximidade afetiva e parental, devido à noção de que o poder político deve ser naturalmente masculino.

Os irmãos de Iara não suportam a vergonha de perder território para uma mulher. Por isso, decidem eliminar a irmã. A astúcia e a prudência de Iara, aliadas à habilidade de escutar bem, são decisivas para sua preservação. A expressão "ouvido longo" atribuída a Iara nos remeteria a uma característica feminina: o poder de ouvir os outros. Afinal, a escuta está diretamente ligada ao cuidado. Ou seja, a capacidade de ouvir os anseios dos outros é o primeiro passo para cuidar das circunstâncias que merecem atenção. No caso, o "ouvido longo" de Iara cria as condições para que ela escape de uma emboscada de seus irmãos.

O passo seguinte de Iara é um contra-ataque fatal. O assassinato dos irmãos pode ser interpretado de diversas maneiras. Na versão simplificada, a "vitória" de Iara sobre seus irmãos indica que a astúcia feminina é mais poderosa que a confraria masculina. Os homens não são páreo para uma mulher decidida.

É preciso trazer à luz um aspecto importante do pano de fundo do mito: a diferença de gênero não torna os sexos complementares, mas assimétricos. Iara encarna a desvantagem física das mulheres diante dos homens. No entanto, no mito, essa "fragilidade" faz a mulher capaz de tramar para suplantar a força bélica do homem, representada pelos irmãos e pelo pai de Iara. E, ainda que aparentemente no mito o homem confirme sua "vocação" de agressor contra a mulher, por meio da figura do pai que *mata* a filha, Iara sobrevive e continua no fundo do rio, poderosa.

Se, à primeira vista, a sobrevivência de Iara remete à ideia de que a resiliência das mulheres é intrínseca à natureza feminina, em um segundo momento, percebem-se sinais apontando para uma construção. Iara precisa renascer continuamente, ressignificar a si mesma e o mundo diante das condições adversas que o gênero imprime à sua vida.

Existe uma perspectiva interessante neste mito. Iara renasce como mulher-peixe, uma imagem similar à sereia dos europeus. Neste ponto, é preciso uma ressalva: apesar das mais diversas leituras que apontam Iara como uma releitura dos mitos ocidentais de sereias, há outra via de interpretação alicerçada por escritos indígenas, como os de Sandra Benite Ara Ete (guarani), Daniel Munduruku (munduruku) e Davi Kopenawa (yanomami), entre outros. Essa via é do conceito de animalismo. Ou, simplesmente, Iara é aquela que salva os homens de sua humanidade.

O que isso significa? Os homens tenderiam a se distanciar de sua condição, separando razão de emoção. À primeira vista, os homens atraídos por Iara são levados pela sedução ao inescapável labirinto de um rio sem fundo. Uma leitura mais enriquecedora apresenta, entretanto, outra perspectiva: a mulher-peixe resgata o homem, recolocando-o em contato consigo mesmo. Iara funciona como uma salvadora, o que está distante da interpretação corrente das sereias dos mitos gregos, as quais arrastam os navegantes para o esquecimento. Em certa medida, o mito guarani coloca a mulher e todo o universo feminino em uma potência bem distinta: a mulher-peixe é justamente o reconhecimento de que somos natureza.

O mito diz que a natureza não é algo dissociado da cultura. Por isso, Iara torna-se metade humana e metade peixe. O medo que o rio provoca nos homens é resultado da ignorância masculina, ou seja, um medo irracional que se traduz em vontade de controle e dominação. Iara é justamente o complemento perfeito, a salvadora incondicional, aquela que vive no encontro das águas, entre dois rios.

O mito de Iara é interessante porque nem todas as interpretações percebem na figura da mulher-peixe uma personagem mítica que resgata, salva e reconecta as pessoas. Na psicologia analítica, o rio, tanto quanto a água, pode ser identificado como símbolo da vida, da pureza, da prosperidade, do inconsciente e da profundidade da alma humana. Considerando essa definição, é possível identificar essa potência revitalizante da vida em Iara, a mulher-peixe e, por assim dizer, nas mulheres em geral.

O mito de Iara traz uma novidade. O aparente afogamento é justamente a possibilidade que o homem e a mulher têm de mergulhar em sua própria alma. Por isso, o rabo de peixe é a assunção de que a humanidade faz parte do reino animal. A "salvação" humana está em mergulhar naquilo que esquecemos e queremos eliminar, algo que só a mulher pode acessar sem mediação e, invariavelmente, mediar para o homem. Esse mito consagra certa supremacia feminina que já estaria impressa na própria natureza. Iara, ao contrário do pai e dos irmãos, assume a cultura como outra face da natureza — ou, ainda, outra maneira de a natureza se expressar. Enquanto isso, os homens tentam inutilmente dominar algo que não precisa de controle, a própria existência. Esta, porém, precisa de fruição, tal como faz Iara por meio do fluxo das águas de seus rios.

NAIÁ E JACI, OU A VITÓRIA-RÉGIA E A LUA

Uma das narrativas mais populares no Brasil é o mito da vitória-régia. A história simples tem algo a nos dizer. No universo tupi-guarani, a lua é uma deusa, uma divindade chamada Jaci, responsável por encantar jovens e transformá-las em estrelas. Em uma aldeia vivia uma menina chamada Naiá. Sem dúvida, sua beleza era peculiar. Seu jeito alegre e doce era a razão por que todas as pessoas gostavam dela.

A vida seguia seu curso na aldeia. Naiá deixou de ser menina e passou pelo ritual da moça nova. Como sempre foi feito, um dia depois da primeira menstruação da menina, ela é conduzida para um lugar reservado, enfeitado como se fosse um casulo de lagarta. Assim também se deu com Naiá: a menina foi para um recanto feito de esteiras. Ela ficou ali por três aparições da lua cheia, três ciclos de sete alvoradas, num total de 21 dias. Ao fim de sete noites do terceiro surgimento da lua plena no céu, Naiá saiu pálida da casa-casulo. Ela tinha se tornado uma mulher pronta para o casamento.

Naiá voltou diferente. Sem dúvida, toda menina voltava outra; afinal, tinha se tornado mulher. Mas com Naiá a mudança parecia ser mais profunda do que de costume. Na condição de mulher, deixava transparecer uma inquietação que só diminuía quando a lua surgia; apenas sua presença no céu e seu reflexo no rio deixavam Naiá serena.

Certa feita, cansada de implorar à lua que lhe abraçasse, Naiá decidiu ir a seu encontro de qualquer jeito. Ela acreditava em duas maneiras de chegar até Jaci. Pelo alto ou no fundo. Durante semanas, Naiá ficou em silêncio, distante do presente, em preparo para um amanhã de seu gosto. A jovem mulher pensava em chegar até a lua por cima. Mas como alçar voo? Seria possível que ela se transformasse num uirapuru? Mas será que existiria algum encanto que fizesse isso? Outra saída seria encontrar Jaci, a deusa lua, quando ela estivesse no rio em noite clara.

Depois de semanas sonhando em virar pássaro e voar até a lua, Naiá decidiu abraçar a deusa no rio. Ficou toda a tarde imaginando o que faria quando a encontrasse. Sem dúvida, mergulhar parecia mais fácil do que voar.

Por fim, ela mergulhou e, quando se afogou, Jaci a transformou na vitória-régia, uma flor especial que poderia se abrir para dançar com as estrelas e com ela, a lua.

O que o mito de Jaci e Naiá diz a respeito das mulheres? Seria o caso de uma relação afetiva entre duas mulheres? Sim, uma vez que a lua é uma deusa. Existem versões que descrevem Jaci como uma divindade masculina, mas isso não é consenso e, na maioria dos casos, nas narrativas mais populares, o sol é masculino e a lua, feminina. A beleza do encontro entre Jaci e Naiá produz uma "novidade", a vitória-régia. O que essa flor significa? Como já dissemos, ela dança com os corpos celestes, o que quer dizer uma ligação radical e profunda.

Por um lado, o poder lunar, visto como feminino, pode ser compreendido como uma dimensão que caracteriza um encontro privilegiado entre duas mulheres. Mais que um castigo ou morte, o episódio de Naiá simboliza o arquétipo de uma relação amorosa equânime, preservando diferenças e sem dominações. Os papéis são diferentes, o *status* de uma das amantes é divino e da outra, mortal. Mas ambas brilham, reconhecem seu valor e são reconhecidas por assim dizer publicamente como igualmente importantes. O arquétipo alforria e liberta do que seria um tabu: a relação afetivo-sexual entre duas mulheres. O pecado é uma categoria que passa ao largo da cosmossensação guarani. Por isso, o mito de Naiá parece ensinar algo que, no mundo contemporâneo, com as conquistas de direitos, é irreversível. O direito de amar é irrestrito e não é reduzível a critérios como atração pelo sexo oposto. Interessante notar que o povo guarani traz esse retrato isento de discriminação em uma narrativa que, à primeira vista, parece um encontro entre a lua e uma flor, mas se trata somente de mais uma história de amor. Uma metáfora para um encontro entre duas mulheres. Afinal, o amor não tem gênero.

CONCLUSÃO

Como encerrar uma jornada por narrativas culturais diferentes? Uma das conclusões é que os mitos são forças vivas. A subjetividade é um processo, um território dinâmico e material formado por tudo o que nos cerca. Neste livro, as tramas dos mitos, das deusas e das figuras míticas foram tomadas como elementos produtores de subjetividade. Ou seja, a maneira como pensamos, sentimos, agimos, organizamos nossas metas e nossos objetivos — a nossa subjetividade — está atrelada aos mitos e seus valores.

O principal ensinamento para nós é desaprender, estar livre o suficiente para reconsiderar o que sabemos, com a intenção de mergulhar numa compreensão que nos enriqueça realmente. Pensar contra o que antes concebíamos, colocando em suspenso o que acreditávamos conhecer completamente. Com a intenção de nos fazer pensar sobre como alguém se torna mulher, queremos desconstruir, desmontar alguns mitos e acrescentar outras leituras sobre como as personagens mitológicas têm ajudado a transformar as pessoas. A intenção do livro foi revalorizar, ressignificar e assumir como positivos os atributos considerados femininos.

O livro apresentou como as deusas iorubás e gregas, assim como as figuras míticas judaico-cristãs e guaranis, apontam para uma subjetividade feminina que empresta à vida o poder de não desistir de enfrentar os seus próprios mistérios. Para esse enfrentamento, não se deve cristalizar uma subjetividade, um modo de vida, mas estar aberto ao desconhecido.

Os textos realizaram um movimento simples. Por meio de Oxum, Hera, Iansã, Afrodite, Eva, Lilith, Iemanjá, Iara, Medusa, Obá e Oduduá, foram apresentados caminhos para desaprender. Afinal, ser mulher não é se enquadrar em um modelo de vestido, um corte de cabelo, se dedicar à maternidade ou inconscientemente assumir uma culpa que viria lá do pecado original. As deusas fizeram coisas distintas, questionaram as regras, encenaram seus próprios rituais. Todas trouxeram à cena um desejo por desnudar o feminino constituído pelo olhar masculino. Até porque o termo "mulher" é uma abstração — afinal, existem múltiplas subjetividades habitando o corpo de mulheres.

Mais do que a mitologia de uma cultura em si, o que interessa são os usos que podemos fazer dos mitos. Por exemplo, em um dado momento da guerra entre orixás femininos e masculinos, narrada pela mitologia iorubá, Exu e Orunmilá tramam juntos um roteiro para que as deusas sejam incitadas a lutar, usando a beleza como arma. Os dois colocam Oxum para disputar a atenção de Xangô com Obá e Iansã. Já o povo grego tem a Guerra de Troia como pano de fundo para um "concurso de beleza" em que Afrodite vence Hera e Atena. A intenção de recontar as narrativas não foi fazer um estudo comparado entre os mitos, embora, entre outros temas comuns, a hipervalorização da beleza seja um ponto que atravessa todo o livro como uma arma contra as mulheres. O concurso de beleza no mito grego tratado no primeiro capítulo tem semelhanças com a estratégia dos deuses masculinos africanos no segundo capítulo: a beleza feminina como forma de controle e dominação.

A beleza pode ser uma armadilha. No caso de Medusa, a górgona, a beleza é um perigo. Ela despertou o desejo de Hades e, depois de violada, ainda foi alvo da vingança de Atena. Por isso, a sororidade parece ser a resposta buscada pelas mulheres. A palavra "sororidade", tal como "fraternidade", vem do latim: *frater* ("irmão") e *soror* ("irmã"). Daí o significado de que sororidade é um tipo de "fraternidade" entre mulheres. Em geral, na cultura contemporânea ocidental só circula a ideia de fraternidade. O elemento masculino embutido no conceito de fraternidade dá margem aos ditados populares de que mulheres não nutrem entre si amizade verdadeira porque estão sempre disputando. Como se só os homens pudessem erguer confrarias, disputar, divergir e, ainda assim, se manter amigos.

Só a sororidade poderia reconciliar as deusas Afrodite, Hera e Atena no Olimpo ou unir Oxum, Iansã e Obá no Orun. Pela sororidade, Eva poderia ter resgatado Lilith. Pela sororidade, a mãe de Iara poderia combater filhos e esposo em nome da filha. Nesse sentido, os mitos são exemplos de como a ausência de sororidade prejudica as mulheres e, aparentemente, favorece os homens.

À primeira vista, os homens sairiam vitoriosos quando a lógica da cooperação feminina perde para a da competição. No entanto, a vida humana tem triunfado não por causa da lógica de que as pessoas e os animais mais "fortes" e mais "aptos" sobrevivem, mas porque, quando nos unimos e cooperamos uns com os outros, conseguimos resolver problemas e avançar diante de obstáculos. "Se quiser ir rápido, vá só; se quiser ir longe, vá com muitos", diz um provérbio africano.

Sororidade é justamente o desenvolvimento dessa capacidade de colaborar. Não significa que uma mulher precisa ser amiga de todas as mulheres, mas que o respeito vai organizar as relações. A sororidade fortalece a empatia mesmo diante das diferenças — existem mulheres heterossexuais, lésbicas, transgênero, negras, pardas, indígenas, brancas, amarelas, ricas, pobres, de classe média, com deficiências físicas, intelectuais, jovens e velhas, entre uma infinidade de tipos. O mais importante é procurar a conciliação por meio de agendas comuns.

A sororidade é uma maneira eficaz de recusar que o homem seja visto como símbolo universal da humanidade, recusando a supremacia e a centralidade masculina. Também nos convida a compreender que a mulher não é responsável pelo pecado, pela malícia, pela inveja e pela mentira. Tampouco Pandora, a personagem mítica grega, foi a culpada por prender a esperança. A sororidade reinventa esse mito ao dizer que foi por causa de Pandora que a esperança não se afastou de nós e permanece guardada em sua caixa — o coração de todas as pessoas do mundo —, enquanto os males foram embora.

Eis a história de Pandora revisitada pela sororidade:

Em tempos remotos, apenas os homens viviam no mundo; nenhuma mulher habitava na Terra. Os homens viviam sem conhecer a velhice, o sofrimento, tampouco o cansaço. A morte chegava a galope, suave e aparentada do sono. A hora da morte era sossegada e não se conhecia o medo.

Certa vez, Prometeu (cujo nome significa "previdente", isto é, "quem pensa antecipadamente") roubou o fogo. O ato de Prometeu tinha o objetivo de presentear os homens para que também eles pudessem usufruir desse bem, na defesa contra feras, no cozinhar dos alimentos, no aquecer-se em noites frias.

Zeus, o rei dos deuses do Olimpo, não podia deixar a audácia de Prometeu sem a devida punição. Como o castigo devia ser terrível, Zeus recorreu a Atena, a deusa da sabedoria, e Hefesto, o deus ferreiro, para a criação da primeira mulher: Pandora, a dona de "todos os dons". Cada uma das divindades dotou-a com um de seus atributos: Afrodite, por exemplo, deu-lhe beleza e o poder da sedução; Atena a fez astuta, inteligente e hábil em trabalhos femininos. Vários atributos foram dados pelas outras divindades. Por fim, Hermes lhe deu a capacidade de mentir e de enganar os outros.

Zeus ofereceu Pandora para Epimeteu, irmão de Prometeu. Epimeteu significa "quem pensa depois", isto é, "imprevidente". E, de fato, sem pensar duas vezes, contrariou um conselho do irmão. Prometeu tinha lhe dito que nunca aceitasse nenhum presente vindo de Zeus, mas Epimeteu se deixou seduzir pela bela Pandora e se casou com ela.

Pandora trazia consigo um presente dado por Zeus: uma jarra (a caixa de Pandora), bem lacrada. A primeira mulher tinha a ordem expressa de que estava proibida de abrir a "caixa", mas, tomada de curiosidade, um dia decidiu levantar a tampa, um bocado somente. Ela queria ver o que lá se escondia. De imediato, escaparam todos os males que até então os homens desconheciam: doença, guerra, velhice, mentira, roubo, ódio, ciúme, inveja, maldade, orgulho.

O espanto diante de figuras tão horrendas quase a paralisou, mas ela, em um lampejo de reação, colocou a tampa novamente sobre a caixa. Todos os males haviam invadido o mundo para castigar os homens.

No fundo da jarra, restara apenas uma pequena e tímida coisa, que ocupava muito pouco espaço: a esperança.

A jarra é o coração humano. Em vez de punirmos Pandora, devemos agradecer-lhe porque os males estão fora de nós. Mas a esperança permanece conosco. E devemos isto a uma mulher...

PERSONAGENS

ADÃO: primeiro homem na tradição judaico-cristã.
AFRODITE: deusa da beleza do panteão grego.
AGAMENON: rei de Micenas.
AGANJU: divindade masculina na cultura iorubá responsável pelo fogo na criação do mundo.
AJALÁ: divindade masculina iorubá responsável pela criação das cabeças dos seres humanos.
AJÊ XALUGÃ: uma divindade irunmole, da primeira geração; seus atributos são conhecidos geralmente só por pessoas iniciadas há mais de sete anos no culto a Ifá e em suas reterritorializações, como o candomblé ou a santería.
AQUILES: rei da Tessália.
ARGOS: na mitologia grega, é o gigante de cem olhos fiel servo de Hera.
ARONI: deus de uma perna só, fiel ajudante de Ossãe.
ÁRTEMIS: deusa do panteão grego que circunscreve a caça, a vida na floresta, a lua e a virgindade.
ATENA: deusa grega da sabedoria e da guerra no panteão grego.
CÉFISO: divindade grega dos lagos e águas paradas.
CORE/PERSÉFONE: regente das quatro estações, a divindade grega que reina no mundo subterrâneo durante o outono e inverno e sobe para o mundo superior durante a primavera e o verão.
DEMETÉR: deusa grega olímpica, filha de Cronos e Reia, rege a agricultura.
ECO: ninfa que habitava os bosques e montes. Transformada em pedra por conta de uma paixão, ela se tornou uma voz que sempre responde repetindo a última palavra.
EJIOGBE: divindade irunmole, da primeira geração; seus atributos são conhecidos geralmente só por pessoas iniciadas há mais de sete anos no culto a Ifá e em suas reterritorializações, como o candomblé ou a santería.
ESTENO: górgona irmã de Medusa.

ETEKO: divindade irunmole, da primeira geração; seus atributos são conhecidos geralmente só por pessoas iniciadas há mais de sete anos no culto a Ifá e em suas reterritorializações, como o candomblé ou a santería.

EURÍALE: górgona irmã de Medusa.

EVA: primeira (ou segunda) mulher na tradição cultural judaico-cristã.

EXU: divindade iorubá responsável pelos acontecimentos e pela comunicação.

GÓRGONA: toda divindade feminina ctônica, deusa que vive na terra, protetora das mulheres.

HADES: deus grego responsável pelo Inferno, que é a morada dos seres humanos após a morte.

HÉCATE: filha de titãs – Astéria e Perses, incorporada ao panteão grego, originária da Anatólia. Deusa lunar representada com três rostos. Além da lua, rege a magia e a necromancia.

HELENA: na mitologia grega, aparece como a mulher mais bonita da Antiguidade entre as mortais. É esposa de Menelau e apaixona-se por seu raptor.

HERA: deusa do panteão grego, patrona da fidelidade e modelo supremo de esposa.

HERMES: deus olímpico filho de Zeus e Maia, responsável pela comunicação no panteão grego.

HÉSTIA: divindade virginal do lar, da casa, da arquitetura. Deusa olímpica filha de Cronos e Réia.

IANSÃ: divindade feminina guerreira, rege os ventos das tempestades.

IARA: mulher-peixe que representa uma saga feminina e tem aspectos de mortal e de divindade na mitologia guarani.

IEMANJÁ: divindade feminina do oceano, é a grande mãe da mitologia iorubá.

IGBAMOLES: divindades iorubás da segunda geração em diante; filhas e filhos dos Irunmole.

IO: mortal pela qual Zeus se apaixona, o que desperta a ira de Hera; modelo da amante da sociedade patriarcal.

IRUNMOLES: divindades iorubás da primeira geração; filhos de Olorun e Olokun.

JACI: divindade lunar, senhora protetora dos animais, da reprodução e amantes. A deusa da lua se une durante a alvorada ao deus sol Guaraci.

LILITH: primeira mulher em uma das versões da tradição judaica, expulsa do Éden por desobediência.

LIRÍOPE: ninfa que, depois de conhecer a profecia a respeito de seu filho Narciso, evitou que ele conhecesse o mundo.

MEDUSA: divindade feminina grega, é a górgona que entra em batalha com Perseu.

MENELAU: rei de Esparta, esposo de Helena.

NANÃ: divindade materna, senhora da matéria-prima do corpo, reina sobre pântanos. Original do panteão fon, ela foi incorporada ao universo iorubá. Nanã é responsável pelos portais de entrada e saída do mundo, senhora da morte.

NARCISO: personagem mítico, filho de Céfiso e da ninfa Liríope, simboliza o orgulho diante da própria beleza. No panteão grego tem a função de herói.

OBALUAÊ/OMOLU: orixá responsável pela terra, campo da saúde e elementos próximos. Obaluaê é a versão adulta/velha, enquanto Omolu é a versão jovem.

OBATALÁ: primeira divindade iorubá masculina nascida; é responsável pela criação do ser humano.

ODUDUÁ: divindade filha de Olorun e Olokun; primeiro orixá feminino e a responsável pela criação do mundo.

OGUIYAN: uma divindade irunmole, da primeira geração; seus atributos são conhecidos geralmente só por pessoas iniciadas há mais de sete anos no culto a Ifá e em suas reterritorializações, como o candomblé ou a santería.

OGUM: divindade iorubá da guerra.

OIÁ: divindade feminina na cultura iorubá responsável pelo ar na criação do mundo.

OLOKUN: deusa incriada, par perfeito de Olorun.

OLORUN: deus supremo na cultura iorubá, onipotente, onipresente e onisciente.

OLUFAN: divindade irunmole, da primeira geração; seus atributos são conhecidos geralmente só por pessoas iniciadas há mais de sete anos no culto a Ifá e em suas reterritorializações, como o candomblé ou a santería.

OLOFIN: divindade irunmole, da primeira geração; seus atributos são conhecidos geralmente só por pessoas iniciadas há mais de sete anos no culto a Ifá e em suas reterritorializações, como o candomblé ou a santería.

OLUOROGBO: divindade irunmole, da primeira geração; seus atributos são conhecidos geralmente só por pessoas iniciadas há mais de sete anos no culto a Ifá e em suas reterritorializações, como o candomblé ou a santería.

ONILÉ: divindade irunmole, da primeira geração; seus atributos são conhecidos geralmente só por pessoas iniciadas há mais de sete anos no culto a Ifá e em suas reterritorializações, como o candomblé ou a santería.

OQUÊ: divindade irunmole, da primeira geração; seus atributos são conhecidos geralmente só por pessoas iniciadas há mais de sete anos no culto a Ifá e em suas reterritorializações, como o candomblé ou a santería.

ORANIÃ: divindade irunmole, da primeira geração; seus atributos são conhecidos geralmente só por pessoas iniciadas há mais de sete anos no culto a Ifá e em suas reterritorializações, como o candomblé ou a santería.

ORÔ: divindade irunmole, da primeira geração; seus atributos são conhecidos geralmente só por pessoas iniciadas há mais de sete anos no culto a Ifá e em suas reterritorializações, tais o candomblé ou a santería.

ORUNMILÁ: signatário dos segredos de Ifá, Orunmilá significa a possibilidade do autoconhecimento. Orixá de poderes divinatórios de reconhecer e identificar os caminhos de todos os seres.

OSSÃE: divindade masculina iorubá responsável pelo poder curativo; patrono das ervas e seus segredos.

OTIM: divindade irunmole, da primeira geração; seus atributos são conhecidos geralmente só por pessoas iniciadas há mais de sete anos no culto a Ifá e em suas reterritorializações, como o candomblé ou a santería.

OXÓSSI: divindade masculina iorubá da fartura, responsável pela caça.

OXUM: divindade feminina iorubá da beleza e vaidade.

OXUMARÊ: divindade responsável por ligar céu e terra. Seu símbolo é o arco-íris e uma serpente. Em certa medida, Oxumarê é uma divindade masculina-feminina, uma vez que representa ciclos da natureza.

PANDORA: primeira mulher na mitologia grega; responsável por guardar a esperança na chamada "caixa de Pandora".

PÁRIS: príncipe de Troia que sequestra Helena causando a lendária Guerra de Troia.

PÉGASO: cavalo alado do panteão grego.

PERSEU: semideus, filho de Zeus com a mortal Dânae; herói grego que derrota Medusa.

POLIDECTO: rei de Sérifo, cidade grega.

POSEIDON: divindade poderosa no panteão grego, deus olímpico, rei dos oceanos.

REIA: titânide, filha de Urano e Gaia. A deusa grega é mãe das divindades olímpicas.

ULISSES: rei de Ítaca.

XANGÔ: divindade masculina, rege a justiça, os trovões, o raio e o fogo.

XAPANÃ: divindade masculina iorubá responsável pelo estabelecimento da terra na criação do mundo.

ZEUS: deus supremo do Olimpo na mitologia grega.

BIBLIOGRAFIA

ARMSTRONG, Karen. *Breve história do mito*. São Paulo: Companhia das Letras, 2005.

CARNEIRO, Henrique; MARQUES, Andréa Maria. "O milenar e o singular: a interpretação e a significação do mito do Gênesis e da Horda Primitiva na construção do poder masculino" In *Latin-American Journal of Fundamental Psychopathology*, V, 1, 108-123.

DETIENNE, Marcel. *Os mestres da verdade na Grécia arcaica*. Trad. Andréa Daher. Rio de Janeiro: Jorge Zahar Editora, 1988.

ELIADE, Mircea. *Mito e realidade*. Trad. Pola Civelli. São Paulo: Perspectiva, 1972.

FORD, Clyde. *O herói com rosto africano: mitos da África*. Trad. Carlos Mendes Rosa. São Paulo: Summus, 1999.

GROSSI, Miriam Pillar. *Gênero, violência e sofrimento*. Antropologia em Primeira Mão. Florianópolis: USFC, 1998. n. 6.

HESÍODO. *Teogonia: a origem dos deuses*. Trad. José Antonio Alves Torrano. São Paulo: Iluminuras, 1995.

HOMERO. *A Ilíada*. Trad. Haroldo de Campos. São Paulo: Arx, 2002.

_____. *A Odisseia*. Trad. Donaldo Schuler. Porto Alegre: L&PM, 2007.

JUNG, Carl. *A prática da psicoterapia*. Obras completas. Petrópolis: Vozes, 2007. vol. 16.

_____. *Os arquétipos e o inconsciente coletivo*. Petrópolis: Vozes, 2000.

_____. *Memórias, sonhos e reflexões*. Rio de Janeiro: Nova Fronteira, 1981.

_____. *O homem e seus símbolos*. Rio de Janeiro: Nova Fronteira, 1977.

_____. *Chaves-resumo das obras completas de Jung*. Carrie Lee Rothgeb, National Clearinghouse for Mental, Health Information (Org.). Trad. Arlene Ferreira Caetano. São Paulo: Atheneu, 1998.

LARAIRA, Roque. "Jardim do Éden revistidado" In In *Revista de Antropologia da USP* v. 40 n.1. 1997, p. 149-164.

MACHADO, Lia Zanotta. *Masculinidades e violências: gênero e mal-estar na sociedade contemporânea*. Série Antropologia. Brasília: UnB; 2001. n. 290.

CARNEIRO, Henrique; MARQUES, Andréa Maria. "O milenar e o singular: a interpretação e a significação do mito do Gênesis e da Horda Primitiva na construção do poder masculino" In *Latin-American Journal of Fundamental Psychopathology on Line*, V, 1, 108-123.

MILBRANDT, Viviane. "Afetividade e gravidez indesejada, os caminhos de vínculo mãe-filho" In: *Pelotas*, n. 9, jan/jun 2008, pp. 111-133.

NEUMANN, E. *O medo do feminino e outros ensaios sobre a psicologia feminina*. São Paulo: Paulus, 2000.

OYĚWÙMÍ, Oyèrónkẹ́. *La invención de las mujeres: una perspectiva africana sobre los discursos occidentales del género*. Traducción Alejandro Montelongo González. Bogotá, Editora en la frontera, 2017.

PARKER, Rozsika. *A mãe dividida: a experiência da ambivalência na maternidade*. Trad. Alice e Doralice Xavier de Lima. Rio de Janeiro: Record; Rosa dos Ventos, 1997.

PICCININI, César Augusto et al. "Gestação e a constituição da maternidade" In: *Psicologia em Estudo*, Maringá, v. 13, n. 1, p. 63-72, jan./mar. 2008, pp. 63-72.

RAPHAEL-LEFF, Joan. *Gravidez: a história interior*. Porto Alegre: Arte Médicas, 1997.

SILIPRANDI, Emma. *Ecofeminismo: contribuições e limites para a abordagem de políticas ambientais*. Agroecologia e Desenvolvimento Rural Sustentável, v.1, n.1, p.61-71, jan./mar. 2000, S.l.

_____. *Ecofeminismos: mulher, natureza e outros tipos de opressão*. Encontro Fazendo Gênero 7 — Simpósio Temático n. 31. UFSC-Florianópolis, 2006.

SHIVA, Vandana. Trad. Dinah de Abreu Azevedo. *Monoculturas da mente: perspectiva da biodiversidade e da biotecnologia*. São Paulo: Gala, 2003.

SUAREZ, Mireya; BANDEIRA, Lourdes. "Introdução a violência, gênero e crime no Distrito Federal". In: SUAREZ, Mireya; BANDEIRA, Lourdes (Org.). *Violência, gênero e crime no Distrito Federal*. Brasília: UnB; Paralelo 15, 1999. pp. 13-26.

VERNANT, Jean-Pierre. *Mito e sociedade na Grécia arcaica*. Rio de Janeiro: José Olympio, 1999.

WOLF, Naomi. *O mito da beleza: como as imagens de beleza são usadas contra as mulheres*. Trad. Waldéa Barcellos. Rio de Janeiro: Rocco, 1992.

WRIGHT, Robert. *O animal moral: por que somos como somos: a nova ciência da psicologia evolucionista*. Trad. Lia Wyler. Rio de Janeiro: Campus, 1996.

Este livro foi impresso no Rio de Janeiro, em 2022,
pela Vozes, para a HarperCollins Brasil.
A fonte usada no miolo é Adriane Text, corpo 10/15.
O papel do miolo é Pólen 80 g/m², e o da capa é Cartão 250 g/m².